本书由
中央高校建设世界一流大学（学科）
和特色发展引导专项资金
资助

中南财经政法大学"双一流"建设文库

生|态|文|明|系|列

中国旅游业与农业耦合发展区域差异研究

周丽丽 著

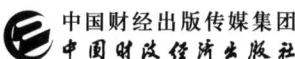

中国财经出版传媒集团
中国财政经济出版社

图书在版编目（CIP）数据

中国旅游业与农业耦合发展区域差异研究／周丽丽著．—北京：中国财政经济出版社，2019.12

（中南财经政法大学"双一流"建设文库．生态文明系列）

ISBN 978 – 7 – 5095 – 9409 – 4

Ⅰ.①中⋯ Ⅱ.①周⋯ Ⅲ.①旅游业发展－关系－农业发展－研究－中国 Ⅳ.①F592.3 ②F323

中国版本图书馆 CIP 数据核字（2019）第 246369 号

责任编辑：武志庆　　　责任校对：徐艳丽
封面设计：陈宇琰

中国旅游业与农业耦合发展区域差异研究
ZHONGGUO LYUYOUYE YU NONGYE OUHE FAZHAN QUYU CHAYI YANJIU
中国财政经济出版社 出版
URL：http://www.cfeph.cn
E – mail：cfeph @ cfemg.cn
（版权所有　翻印必究）
社址：北京市海淀区阜成路甲 28 号　邮政编码：100142
营销中心电话：010 – 88191537
北京财经印刷厂印装　各地新华书店经销
787×1092 毫米　16 开　10.75 印张　172 000 字
2019 年 12 月第 1 版　2019 年 12 月北京第 1 次印刷
定价：49.00 元
ISBN 978 – 7 – 5095 – 9409 – 4
（图书出现印装问题，本社负责调换）
本社质量投诉电话：010 – 88190744
打击盗版举报热线：010 – 88191661　QQ：2242791300

总 序

"中南财经政法大学'双一流'建设文库"是中南财经政法大学组织出版的系列学术丛书,是学校"双一流"建设的特色项目和重要学术成果的展现。

中南财经政法大学源起于1948年以邓小平为第一书记的中共中央中原局在挺进中原、解放全中国的革命烽烟中创建的中原大学。1953年,以中原大学财经学院、政法学院为基础,荟萃中南地区多所高等院校的财经、政法系科与学术精英,成立中南财经学院和中南政法学院。之后学校历经湖北大学、湖北财经专科学校、湖北财经学院、复建中南政法学院、中南财经大学的发展时期。2000年5月26日,同根同源的中南财经大学与中南政法学院合并组建"中南财经政法大学",成为一所财经、政法"强强联合"的人文社科类高校。2005年,学校入选国家"211工程"重点建设高校;2011年,学校入选国家"985工程优势学科创新平台"项目重点建设高校;2017年,学校入选世界一流大学和一流学科(简称"双一流")建设高校。70年来,中南财经政法大学与新中国同呼吸、共命运,奋勇投身于中华民族从自强独立走向民主富强的复兴征程,参与缔造了新中国高等财经、政法教育从创立到繁荣的学科历史。

"板凳要坐十年冷,文章不写一句空",作为一所传承红色基因的人文社科大学,中南财经政法大学将范文澜和潘梓年等前贤们坚守的马克思主义革命学风和严谨务实的学术品格内化为学术文化基因。学校继承优良学术传统,深入推进师德师风建设,改革完善人才引育机制,营造风清气正的学术氛围,为人才辈出提供良好的学术环境。入选"双一流"建设高校,是党和国家对学校70年办学历史、办学成就和办学特色的充分认可。"中南大"人不忘初心,牢记使命,以立德树人为根本,以"中国特色、世界一流"为核心,坚持内涵发展,"双一流"建设取得显著进步:学科体系不断健全,人才体系初步成型,师资队伍不断壮大,研究水平和创新能力不断提高,现代大学治理体系不断完善,国际交流合作优化升级，综合实力和核心竞争力显著提升，为在 2048 年建校百年时，实现主干学科跻身世界一流学科行列的发展愿景打下了坚实根基。

"当代中国正经历着我国历史上最为广泛而深刻的社会变革，也正在进行着人类历史上最为宏大而独特的实践创新"，"这是一个需要理论而且一定能够产生理论的时代，这是一个需要思想而且一定能够产生思想的时代"[①]。坚持和发展中国特色社会主义，统筹推进"五位一体"总体布局和协调推进"四个全面"战略布局，实现"两个一百年"奋斗目标、实现中华民族伟大复兴的中国梦，需要构建中国特色哲学社会科学体系。市场经济就是法治经济，法学和经济学是哲学社会科学的重要支撑学科，是新时代构建中国特色哲学社会科学体系的着力点、着重点。法学与经济学交叉融合成为哲学社会科学创新发展的重要动力，也为塑造中国学术自主性提供了重大机遇。学校坚持财经政法融通的办学定位和学科学术发展战略，"双一流"建设以来，以"法与经济学科群"为引领，以构建中国特色法学和经济学学科、学术、话语体系为己任，立足新时代中国特色社会主义伟大实践，发掘中国传统经济思想、法律文化智慧，提炼中国经济发展与法治实践经验，推动马克思主义法学和经济学中国化、现代化、国际化，产出了一批高质量的研究成果，"中南财经政法大学'双一流'建设文库"即为其中部分学术成果的展现。

文库首批遴选、出版二百余册专著，以区域发展、长江经济带、"一带一路"、创新治理、中国经济发展、贸易冲突、全球治理、数字经济、文化传承、生态文明等十个主题系列呈现，通过问题导向、概念共享，探寻中华文明生生不息的内在复杂性与合理性，阐释新时代中国经济、法治成就与自信，展望人类命运共同体构建过程中所呈现的新生态体系，为解决全球经济、法治问题提供创新性思路和方案，进一步促进财经政法融合发展、范式更新。本文库的著者有德高望重的学科开拓者、奠基人，有风华正茂的学术带头人和领军人物，亦有崭露头角的青年一代，老中青学者秉持家国情怀，述学立论、建言献策，彰显"中南大"经世济民的学术底蕴和薪火相传的人才体系。放眼未来、走向世界，我们以习近平新时代中国特色社会主义思想为指导，砥砺前行，凝心聚

---

① 习近平：《在哲学社会科学工作座谈会上的讲话》，2016 年 5 月 17 日。

力推进"双一流"加快建设、特色建设、高质量建设,开创"中南学派",以中国理论、中国实践引领法学和经济学研究的国际前沿,为世界经济发展、法治建设做出卓越贡献。为此,我们将积极回应社会发展出现的新问题、新趋势,不断推出新的主题系列,以增强文库的开放性和丰富性。

"中南财经政法大学'双一流'建设文库"的出版工作是一个系统工程,它的推进得到相关学院和出版单位的鼎力支持,学者们精益求精、数易其稿,付出极大辛劳。在此,我们向所有作者以及参与编纂工作的同志们致以诚挚的谢意!

因时间所囿,不妥之处还恳请广大读者和同行包涵、指正!

中南财经政法大学校长

前　言

随着我国经济社会发展速度加快，城市人生活压力日益增大，都市人群对农业旅游产品的消费需求不断升级。中共中央、国务院高度重视旅游业与农业融合发展，以习近平同志为核心的党中央深入贯彻"美丽乡村"建设，聚焦农村发展问题，为农村发展寻找真正适合且高效的方法路径，颁布了一系列鼓励农旅发展的政策，为旅游业与农业的耦合协调发展提供了重要保障。然而，由于地域自然环境、文化背景和经济发展水平的差异，国内农业与旅游业耦合呈现多样化发展。因此，深入研究我国农业旅游经济区域差异的特征与影响因素，对于合理开发农业旅游资源，优化生产要素的配置，准确定位区域农业旅游的发展方向与发展重点，缩小农业旅游经济区域差异，促进我国旅游业与农业的协调发展具有重要的意义。

本书首先在梳理旅游业与农业耦合的区域发展理论基础与相关文献基础上，分析了产业耦合的影响因素，理论上从内在拉动力、外部驱动力、支撑力和辅助力四方面研究了旅游业余农业耦合的动力机制。

其次，从政治、经济、环境、技术四方面定性分析我国旅游业与农业耦合发展的有利因素和不利因素，并从东、中、西部地区分别比较分析我国旅游业与农业耦合取得的进展及发展中存在的问题。在此基础上，基于熵值法与耦合评价模型对我国中、东、西部地区旅游业与农业耦合协调发展水平进行定量研究。

再次，从时间与空间两个维度对我国东、中、西部地区旅游业与农业耦合协调发展的区域差异展开定量研究。从时间维度上看，东部的旅游业与农业的平均耦合协调程度最高，其次是中部，西部最低。根据绝对收敛检验，东部地区的区域差异随着时间的推移会不断缩小并逐渐趋于平稳，而西部和中部的区域差异已经趋于平稳。从空间维度上看，西部地区旅游业与农业耦合程度的区域差异有上升趋势，而东部各省份的耦合程度区域差异逐渐缩小，中部地区各省份的耦合程度区域差异在趋于稳定且是东、中、西部中差异最小的区域。

最后，针对中、东、西部地区旅游业与农业耦合的问题、不利因素与实证分析的结果，提出促进我国旅游业与农业耦合区域协调发展的对策，整合区域资源，优化经济发展格局，缩小区域差异，强调区域发展总体战略。

目　录

第1章　绪论 ... 1
　1.1　研究背景 ... 1
　1.2　研究意义 ... 8

第2章　理论基础与文献综述 ... 13
　2.1　相关概念界定 ... 13
　2.2　相关理论基础 ... 17
　2.3　国内外相关文献综述 ... 26

第3章　旅游业与农业耦合机制研究 ... 40
　3.1　耦合产业发展影响因素研究 ... 40
　3.2　耦合产业系统中资源最优利用 ... 42
　3.3　旅游业与农业耦合动力机制 ... 43

第4章　我国旅游业与农业耦合发展现状分析 ... 48
　4.1　我国东中西部旅游业与农业耦合发展 PEST 分析 ... 48
　4.2　我国东中西部地区旅游业与农业耦合发展的现状分析 ... 53

第5章　我国旅游业与农业协调发展水平评价与耦合实证分析 ... 68
　5.1　我国旅游业与农业协调发展水平评价指标体系构建 ... 68
　5.2　我国中东西部旅游业与农业协调发展水平的耦合分析 ... 74

第6章 旅游业与农业耦合的区域差异分析　　100

    6.1　我国东中西部耦合协调程度区域差异分析　　100

    6.2　耦合协调度的动态趋势分析　　104

    6.3　区域差异原因分析　　110

    6.4　收敛趋势分析　　111

    6.5　空间自相关检验　　113

    6.6　本章小结　　119

第7章 促进旅游业与农业耦合区域均衡发展的对策　　121

    7.1　整合区域资源，优化经济发展格局　　121

    7.2　深度开发农产品，发展特色旅游项目　　122

    7.3　打造全域旅游，重点实施差异化战略　　123

    7.4　建设农业旅游，创新市场竞争优势　　124

    7.5　活用整体资源，发挥"1+1>2"的效果　　126

    7.6　完善利益联结，保护提高农民利益　　127

    7.7　缩小区域差异，强化区域发展总体战略　　128

附录　　132

主要参考文献　　145

第1章 绪　　论

1.1　研究背景

农业与旅游业耦合发展，不仅是引领农业升级转型的主要途径，同时也是培育乡村旅游品牌、提升旅游业发展层次的重要环节。以"农旅结合、兴农助农"为引领，以绿色生态、环保农业为主题，开发优质休闲农业旅游、生态休闲旅游、乡村休闲旅游等各类旅游产品，谱写旅游与现代农业相结合的"田园歌"。

党的十九大报告明确指出，要"实施农村振兴战略"，促进农村一二三产业的整合和发展，支持和鼓励农民就业创业，拓宽增收渠道。加强农村基层基础工作，健全自治、法治、德治相结合的乡村治理体系。培养造就一支懂农业、爱农村、爱农民的"三农"工作队伍需要促进农村产业融合发展，大力振兴农村经济。只有实现农业和农村现代化，农民收入才会增加。习近平总书记在中共中央政治局的第八次集体学习时，从全面建设社会主义现代化强国的高度，指出了实施乡村振兴这一战略的科学内涵："农业农村现代化是实施乡村振兴战略的总目标，坚持农业农村优先发展是总方针，产业兴旺、生态宜居、乡风文明、治理有效、生活富裕是总要求，建立健全城乡耦合发展体制机制和政策体系是制度保障。"农村产业需要实现现代化融合，旅游业与农业耦合正是实现乡村振兴的重要突破口。通过增加农业的旅游功能，以旅游业带动农业和第三产业的良性互动与深度融合，可以培育新产业形态和新模式，延长产业链，增加产业的附加值，有效地解决"三农"问题。

旅游业与农业双双被重视，农旅耦合成为必然趋势。受我国东中西区域之间多方背景差异影响，农旅耦合的结果也出现了区域差异。农业和旅游业的耦合作为实现区域经济、社会和生态可持续发展的重要途径，是推进和实现我国区域创新发展的重要工具。研究区域农旅耦合发展，需要对区域农旅耦合能力进行评价，以确定区域内产业结构布局、生态环境状况、农业资源投入等方面可能存在的问题，从而为优化区域内产业布局、提高农旅耦合投入、缓解区域经济社会发展与生态保护之间的冲突、构建农旅耦合区域创新提供指导。

1.1.1　顺应旅游业与农业耦合发展趋势

中国拥有着广袤的农业地域和悠久的农业历史，自古以来都以农业为本。习近平总书记指出，旅游是一项综合性产业，是推动经济发展的重要力量。旅游作为桥梁，能够传播中华文明、交流中华文化和增进国际友谊，旅游业的发展程度是衡量人民生活水平的重要指标。我国具有悠久的农业历史传统，广袤的地域为良好的文化交流渠道提供了基础，因此我国旅游业与农业耦合具有优越的条件、巨大的潜力和广阔的前景。自2019年出现的乡村旅游、创意农业等形势丰富的旅游业与农业融合产业，均彰显着我国即将步入乡村和田园的综合发展模式，致使我国旅游业与农业的耦合出现了区域差异。

1. 不同区域的农业发展方式转变

我国许多地区农村农业的经济发展仍是传统模式，主要表现为：仅仅依靠种植数量的增长进行农产品的增收，农民收入始终离不开家庭性收入，一家一户小作坊式的生产占据主要农业经营模式，仍旧以破坏生态环境、消耗生态资源来换取经济增长，产品竞争力低下，农民收入无法提升到中层水平。但现代社会和经济的发展需要已经不是单一传统的农业发展方式所能满足的了，要想实现农业的可持续发展，就必须在更大的范围和更广的层面上改变传统发展方式，大力推广、发展现代农业。因此在农业与旅游业的区域融合过程中，农业要向旅游业提供资源，旅游业要向农业提供服务。不同区域的农业提供不同的农业资源，如东中西部均具有不同的田园景观、乡村风貌、乡土味道及农事活动等，各地区都因其鲜明的特色才能成为独具一格的区域性旅游资源。乡村旅游之于农业，是一种全新的发展模式，对经济、社会、文化、环境等方面均表现出积极的影响，其通过改善市场机制的运行，推动供给侧改革使得资源合理配置，不仅有利于提升农民就业率、帮助农民增收、促进发展农村经济建设，也能保护并传承乡土文化，优化农村生态环境。

2. 旅游消费需求升级

随着国民经济水平的提高和休闲时间的增加，人们的生活方式有了巨大变化，娱乐、运动、旅游、观光等休闲方式已经成为中国居民生活中不可分割的一部分。根据国家统计局2017年旅游业数据显示，中国国内休闲出游人次达55.4亿，与2016年相比年同期增长率超过10个百分点，旅游消费达到5.13万亿元。自2009—2018年以来，国内旅游消费总额稳步攀升，平均每年的增长率保持在10个百分点以上，与10年前相比增长了4倍，显示出了中国旅游消费市场的巨大生机和发展前景，如图1-1所示。

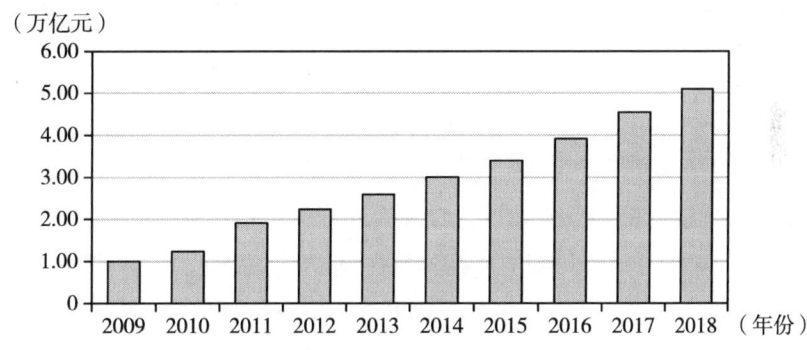

图1-1　2009—2018年国内旅游消费总额

资料来源：国家统计局。

经济的快速发展使中国社会的主要矛盾也发生了变化。而区域之间的经济发展差异导致了区域之间的消费需求偏好差异，从根本上促成了我国旅游业区域间发展的差异。党的十九大明确作出"中国特色社会主义进入新时代"的重大决断，并根据时代变迁和国情变化，把新时代中国社会的主要矛盾概括为"人民日益增长的美好生活需要和不平衡不充分的发展之间的矛盾"。快速发展的经济已经满足了人们的基本需求，即马斯洛需求理论的第一层，生理和安全的需要，而每一层需要的满足都会给人们带来对更高层次需要的需求和渴望。人们在满足基本生活需要后，社交需求会逐渐增大，进一步对自我实现产生渴望，其重要体现之一就在于消费需求偏好的转变。区域性的人均可支配收入存在差异，导致区域间旅游业发展差异问题也逐渐凸显出来。

收入的不断增长极大地提升了消费者的消费能力，随之带来的是消费需求和消费理念上的变化。城市化的扩展使人们开始产生近距离接触大自然、回归质朴生活、从事田园劳作活动、感受乡村特色习俗和农家生活的休闲需求，人们希望到农村天然的环境中放松自己，追求返璞归真的气息，感受自然的乐趣。国内近三到四年来旅游目的地最大的发展趋势在旅游重心逐渐由城市转向农村，我国经济进入乡村振兴新时期。2018年世界旅游组织调查表明，随着中国家庭人均收入、旅游经验的不断提高与增长，游客外出旅游的主要目的地已经从原来的经济发达城市、知名景区逐步转向具有特色民风民俗的小镇和乡村。面对截至2019年初以来消费市场发生的深刻变革，急需扩大旅游业与农业的耦合发展规模，增进发展深度。休闲农业企业迫切需要转换经营理念，积极适应消费市场不断更新的变化，根据分层化、区域化的消费市场特点，为农业旅游消费者提供更好的产品与服务。

3. 产业耦合发展进入新阶段

由于科技的快速进步、管理方式的创新、政府管制的逐渐放松，1970年初步出现了产业融合现象，产业间明显的界限逐渐消失，甚至在产业内部产生融合发展，产生新业态。习近平总书记在参加河南代表团的审议时提出，农村农业发展要利用好深化改革这个法宝。旅游业具有极强的产业相关性和渗透性，并且随着旅游产业的快速发展，这种特性越发明显，旅游业与农业的耦合发展不仅有利于丰富旅游供给，满足国民日渐增长的特殊旅游需求，成为旅游产业全新的经济增长点，还可以推动农业产业转型，成为农业综合效益提升的重要途径，有助于增加农民收入和改善乡村人居环境。旅游业与农业相融合的实际例子最早出现于一些发达国家，19世纪中叶，旅游业与农业的耦合便初具雏形，许多国家试图在农业范围中开发旅游业以招徕旅客，随后日、德、意等国相继专门成立了农旅耦合发展协会。20世纪初期，伴随着一些旅游发达国家扶持两大产业进行耦合发展政策的出台、企业对旅游业与农业耦合发展形式投资数额的增大以及参与农业旅游游客数目的增多，农旅耦合产业规模不断增长，旅游业与农业之间各种要素开始紧密地融合。

自21世纪以来，农旅耦合方式更加多样化。由于生态环境的重视度逐渐提高及各种高科技技术融入生活之中，农业和旅游业融合程度得到了较大提高，农业与旅游业进入新兴耦合阶段。国家旅游局在21世纪初决定将"推进工业旅游和农业旅游"定为工作重点，正式提出"农业旅游"的概念，农业旅游成了旅游业与农业耦合的新兴产业。2017年，中国乡村旅游接待游客总量超过 25 亿人次，实现旅游收入超过 1.4 万亿元，成为扶贫和富民的新途径。

1.1.2 旅游业与农业耦合发展的政策推动

加深旅游业与农业的区域耦合深度，对完善现代农业发展体制，转变农业发展方式，创造就业岗位，推动农村全面建成小康社会等方面具有重要促进意义。2015—2019 年，中共中央、国务院连续五年发布促进农村地区产业融合的有关政策。2017 年国土资源部在关于做好农村地区产业融合发展用地保障的通知中强调农村农业发展优先的原则，实行最严格的耕地保护制度，加强对农村土地使用的控制，促进农村土地的综合利用，并努力发展农村旅游业、农业教育等行业，提高集体利用土地的水平。农业部办公厅曾在关于印发《2018 年种植业工作要点》的通知中提出要加力推进结构调整，优化供给的改革方向，并将其细化为"种养结合，以养带种、以种促养"的指导建议。鼓励产销结合，依靠农民合作社和主要企业，积极发展农产品加工产业。推动农旅结合，因地制宜在农产品优势产区发展农业旅游，延长产业链，提升价值链，拓宽增收链。据 2019 年中央一号文件关于推进现代农业产业园建设的部署要求，2019 年农业和财政部继续建立国家现代农业工业园区的决定，明确指出在全国各地必须综合考虑自然资源、特殊工业发展、一二三产业的一体化等因素，同时考虑到区域特点和当地现实，统筹促进建立国家现代农业工业园。国家在党的第十九次代表大会上提出的农村复兴战略，以及一二三产业一体化的重要政策的积极发展，都表明促进农业与旅游业区域融合是新时期做好"三农"工作的重要遵循，也是促进区域旅游业与农业耦合发展的政策保证。

1.1.3 乡村振兴战略下农旅耦合发展初具成效

据《中华人民共和国 2017 年国民经济和社会发展统计公报》显示，至 2017 年底，中国还有 3046 万农村贫困人口，主要分布在连片特困地区。探索适宜本地区的脱贫模式，发现本地区与其他扶贫地区的区域差异，着眼于贫困地区的可持续产业发展是贫困地区脱贫攻坚的必然选择。基于农业的多功能性特点和旅游业的带动性强的特点，农旅耦合是助推贫困地区脱贫致富的重要渠道。到 2019 年初，农业旅游已经成为提高农民收入、带动农村经济增长、帮助贫困人口脱贫的主要助力。据国家乡村旅游扶贫工程观测中心对全国 25 个省市区共计 111 个建档立卡贫困村的观测数据表明：2015 年，贫穷村的乡村旅游就业人数占贫穷村庄就业数的 35.1%，乡村旅游所提供的农民人均收入占当地农民人均年收入的 39.4%，贫困村中通过乡村旅游产业脱离贫困的人口数量达到 264 万人，是贫困村总脱贫人数的 30.5%，占全国脱贫总人数的 18.3%。农旅产业的一体化发展，不仅提高了贫困群众发展自我的能力，而且增强了国内动力，减少了回归贫困的风险，同时也增加了他们在致富路上得到的幸福感和获得感。

为了解决贫困地区脱贫攻坚的现实需求，推进旅游业与农业的耦合是实现城乡一体化发展重要方略的重要途径。区域农旅耦合可以使区域内有旅游价值的多样化农业资源得到深度挖掘，让旅游产品更加丰富，更大范围的延展旅游活动的空间。区域性农旅耦合可以在存在区域差异的同时深挖农业的多功能用途，多方面发挥农业的文化、生产、社会和经济作用。不仅可以满足人们生存需要，还可以进一步满足新时期人们休闲度假的需要。区域内农旅的融合可以延长农业产业链条，提升农业产业的边际效益，有效地调整农村的产业结构，有效地提高不同区域的农村土地、资金、技术、人才、市场等资源的利用率。随着农旅耦合深度发展，可以充分利用旅游业高度相互关联的特征，供应链长的能力和综合性强的特点，但区域间的差异也不可忽视，在发现区域差异的同时，分析差异、利用差异，使农旅耦合可以创新地发展。研究表明，旅游业的发展能够带动诸多行业的发展，是典型的"龙头"产业。根据统计，旅游业对发展运输、餐饮、住宿、文化和娱乐业作出了巨大贡献。大量的市民从城市走向农村，在市民休闲度假中，实现农业与市场更为接近的目标。在城乡互动中，农村剩余的劳动力可以在当地找到工作，加快农民脱贫致富的步伐。

1.1.4　区域经济发展存在明显差异

我国为追求效率所采取的非均衡发展战略，将资源向东方倾斜，促进了长三角、珠三角、环渤海、北京、上海等地主要经济区经济的快速增长。我国经济发生了巨大飞跃，几乎每年增长 9% 以上，长三角、珠三角和环渤海经济区是中国经济发展的主要区域，基本上完成了邓小平同志的"两个大局"构想中的第一个大局。但是，东中西部之间的区域发展差距逐步扩大，环境恶化、资源配置不公、民族关系紧张、区域竞争等一系列矛盾不断激化，区域经济问题（落后病、萧条病、膨胀病和迟滞病）不断凸显，中国区域经济发展的思路转向"继续保持东部地区优先发展势头、加速中西部发展"的协调兼顾的方式。

为了加速我国区域协调发展、缩小区域发展差距，世纪之交，我国先后出台了诸多财政、投资政策以带动中西部地区的发展，提出贯彻落实地区经济协调发展战略，逐步缩小地区发展差距，正确处理区域和区域之间的关系；按照综合规划，顺应当地条件，发展特长，分工合作，协调发展的原则，正确调整国家和地区经济发展的关系。

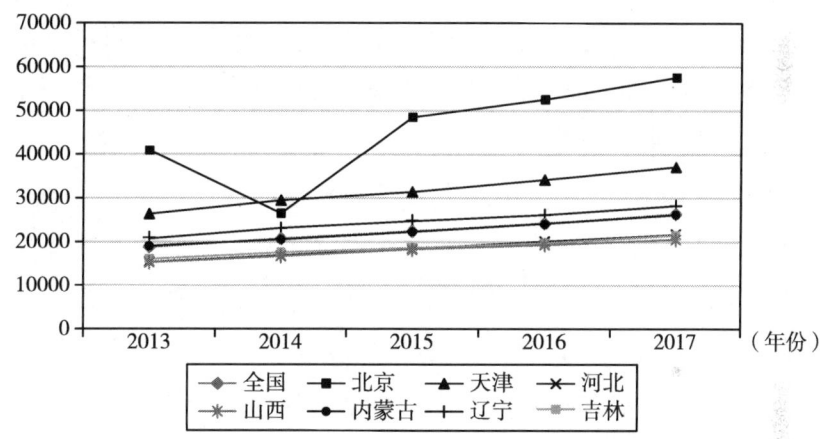

图 1-2　2013—2017 年各地区人均可支配收入

资料来源：国家统计局。

党的十六届三中全会后，以统筹区域协调发展为要求，振兴包括东北地区在内的老工业基地，促进东部地区的发展，推动中部地区的崛起，促进东中西部地区之间互动、相互促进、共同发展的区域发展模式成了重要战略格局。中国共产党第十七次全国代表大会上发表的报告强调，在继续支持贫困地区加速发展的同时，明确提出了缩小区域发展差距，必须注重实现基本公共服务均等化，引导生产要素跨区域合理流动不平衡的新思路。在新的历史时期，我国将以"四大板块"作为基础，以津京冀协同发展，粤港澳大湾区发展建设、"一带一路"建设、长江经济带发展建设等重要经济发展战略作为引导，推进各区域间协调融合及高质量发展。

1.2　研究意义

1.2.1　理论意义

1. 丰富旅游业与农业耦合可持续发展理论

我国旅游业与农业耦合发展的区域研究还处于萌芽阶段。随着我国国内旅游业的日渐建设发展，逐渐与农业产生相互作用，特别是我国国域广袤，跨度大，区域差别大，在研究区域农业区旅游业耦合时，不同的区域差异构成了不同的发展现状，在构建和谐社会和全面建设小康社会的背景下，区域性的农业建设与旅游业发展的耦合影响研究被提到了日程上，而系统、深入、全面研究该方面问题的成果却仍未见报。我国对于"旅游业与农业耦合的区域差异"的研究还不成熟，缺乏系统深入的探讨。人们对这个新兴产业的重要性和未来发展趋势的理解仍然很浅薄，特别是对其区域性特征的分析尚有欠缺。当务之急是在学术界进行讨论和研究，进而建立一个区域旅游业与农业耦合发展较完整的理论体系，并更深一步地明确今后农旅耦合发展在国内的分区产业布局和总体的战略目标。农旅耦合区域差异模型突破了原有的单一的农业理论模型和旅游理论模型，不仅将两个领域的理论研究进行了整合，还结合了区域特征进行分析比较，试图从系统的角度出发，综合分析区域特征的影响下，旅游业与农业之间的相互作用，大大拓展了旅游业与农业耦合发展的概念与内容。本书在厘定相关概念、分析区域发展现状和耦合机制的基础上，着力于研究旅游业和现代农业耦合的区域差异。此外，制定有效的应用战略对于研究至关重要，能够丰富旅游业与农业区域发展的理论框架。本书将耦合理论作为出发点，通过系统理论研究和区域应用研究，拓宽了耦合理论的研究范围，丰富了耦合理论的内容，完善了研究体系。

2. 为旅游业与农业耦合均衡发展提供理论参考

区域性的产业融合是一个新的领域，截至2019年初研究成果不多，可以拓展区域产业耦合发展的领域。2019年初，在我国的产业转型升级和融合发展的背景下，如何在区域差异特征资源限定的条件下培养出具有核心竞争力的区域产业，发挥出产业在区域经济转型升级中的用途是值得我们研究和探讨的。本书一方面扩展了农业和区域旅游业耦合的研究范围，丰富了农业旅游的内涵；另一方面，也为不同区域下不同类型农旅耦合的模式选择、构建和运用提供了理论指导，添加了我国关于"农旅区域一体化"的理论研究内容。丰富了生态农业和生态旅游耦合关系的理论框架，在本篇文章中以耦合理论为出发点，研究区域性旅游业发展及人们与所处地区农业之间的共存机制，强调要把区域性农业发展和旅游业建设有机地结合起来，它们是不可分割的相互联系和相辅相成的，是实现该区域可持续发展的理论基础。以此为重点进行的系统、深入研究，可以在一定的程度上填补区域旅游业与农业发展耦合研究的空白。由于生态旅游业和两个主要生态农业部门之间有系统的理论研究和区域应用研究，耦合理论的研究范围扩大了，使耦合理论更有意义，更加完善。

3. 为环境保护、产业及经济发展提供新视野和思路

习近平总书记曾强调："坚决摒弃损害甚至破坏生态环境的发展模式，坚决摒弃以牺牲生态环境换取一时一地经济增长的做法，让良好生态环境成为人民生活的增长点、成为经济社会持续健康发展的支撑点、成为展现我国良好形象的发力点，让中华大地天更蓝、山更绿、水更清、环境更优美。"本书为产业发展及环境保护耦合发展提供了指导，通过定量的方法评价两大产业的耦合度并探索了二者间的耦合关系。推进环境、产业及区域经济学的交叉发展，拓宽经济学的研究范围，本书在研究过程中应用了经济学的较多原理，根据前人的研究，科学地确定了相关的概念和理论，通过建立区域生态旅游和生态农业之间的耦合模型，将进一步推动区域生态旅游业和生态农业产业间耦合度及其协调度的研究。

4. 丰富区域差异模型理论

虽然近年来产业融合的理论研究不断增加，研究领域也有所扩大，但对这些研究的区域差异的研究程度很低，对其研究模型的应用也较为单一。随着信息技术不断更新，我们对区域差异模型的应用却很少。本书利用区域差异模型针对我国东中西部农业与旅游业耦合下的不同特征进行理性分析，有助于明确区域化农旅耦合的耦合协调程度，不仅有利于加快第一、第三两大传统产业的转型升级，有效促进了农业发展、农民富裕和农村进步，同时也能为日后研究区域差异化发展提供前车之鉴。

1.2.2　现实意义

旅游业与农业的耦合发展将创造一种多赢的局面，正确认识旅游业与农业的耦合现状和存在的问题，积极总结旅游业与农业的区域差异现状，把握合理的发展方向和规模，是促进旅游业和农业一体化发展的根本。因此，深入研究旅游业与农业耦合发展的问题，不仅具有深远的理论意义，还能进一步实现旅游业与农业耦合的经济、政策、环境等综合效益。

1. 农业与旅游业的耦合促进区域经济发展

在社会效益上，对中东西部区域内旅游业与农业耦合关系进行研究，能促进区域内乡村与城市之间的沟通和交流，加强区域内城乡间的互动，发挥我国区域差异的优点，总结目前区域差异所导致的劣势，对于促进城乡的统筹发展、加速城乡一体化建设均具有重要的意义。习近平总书记指出，旅游是一项综合性的产业，是拉动经济发展的重要动力。旅游是传播文明、交流文化、增进友谊的桥梁，是衡量人民生活水平的一项重要指标。截至2019年初，我国旅游业发展势头迅猛，对经济增长的拉动作用日益提升，正在进入"旅游+"的新时代。因此，通过对区域现状的研究，可以总结出我国中东西部旅游业与农业发展的区域差异，利用其区域差异，更利于发展不同城市的旅游者来到乡村观光旅游，有利于把城市内的文化、经济、政治、思想意识等辐射到农村中，使农民感受到更多新鲜的文化和意识，让农民不用外出就能够学习到各种现代化、信息化的观念和意识，有利于农民自身素质提高。反过来，乡村旅游业的发展壮大也可使乡村特色文化得到更加广泛、有效的传播，从而为打造优势乡村文化品牌奠定坚实基础。对农业和区域旅游业耦合发展进行研究有助于实现乡村资源的合理开发和应用，加速乡村经济发展，提高农民生活水平。整体规划，避免重复建设，同质建设，便于协调发挥各乡村独有的优势。旅游和规划可以通过乡村旅游景点的建立而吸引更多旅游爱好者前来乡村旅游观光。发展生态采摘农业，进行农副产品的交易，对于调整和优化农村产业结构，实现农业产业链延展都具有重要意义。同时，区域农业旅游的建设和发展还为广大农民带来了更多就业机会，农村劳动力不必转移到城市等地区，在本地同样可以创业就业，这就使农民的收入实现了增长，同时为新农村发展奠定了基础。

2. 为政府制定的区域政策提供有效帮助

本章将中国各省市分为中西东部区域作为研究案例，研究生态旅游业和生态农业耦合发展的情况。研究对象具有较强的代表性，其生态农业建设、旅游业建设现在已经进入较为成熟的发展阶段，因此通过判断两者在区域经济发展的健康程度，即可找到改善和优化区域经济发展的对策及建议，对于提高区域经济竞争力具有重要的参考价值。促进区域经济健康可持续发展，构建的生态农业和旅游业耦合协调模型能为其他旅游目的地提供借鉴意义，充分体现出社会价值与时代特征，以为国内农旅产业耦合发展提供政策参考为出发点，系统阐述了区域性农旅耦合发展的现状及影响因素，深入分析了区域性农旅产业耦合发展所取得的经济效益，采用层次分析法以及耦合协调度等科学方法评价中国区域性农旅产业耦合水平，并提出有针对性的对策，为各级政府制定健全的农业和旅游业相关发展政策提供了具有参考性的研究成果。

3. 促进区域性农业与旅游业的可持续发展

习近平总书记高度重视"三农"工作，自党的十八大以来，为顺利完成"三农"工作，提出了许多新理念，新思想和新战略。"五位一体"，不仅仅是经济振兴，还要将农村社会、政治、文化、生态文明建设及党的建设作为一个有机的整体，统筹谋划、协调推进。习近平总书记曾在全国生态环境保护大会上指出："中华民族向来尊重自然、热爱自然，绵延 5000 多年的中华文明孕育着丰富的生态文化。"我国持续重视生态和农业建设，强调环境保护的重要性，从我国改革开放以来，人们的生活水平不断提高，消费观念发生了重大变化。人们不再仅满足于物质层面的消费，越来越多的人们开始重视精神世界的富足。而旅游业最关键的吸引要素之一即是丰富的生态农业资源，二者目标具有一致性，发展农业旅游，能够促进当地的环境保护，有助于促进区域性农业旅游的可持续发展。因此，本书在实际应用中指导并引领旅游业与农业相互耦合，可持续发展。

4. 丰富区域旅游内涵

本章通过理论联系实际，并结合现有的研究成果，对国内中西东部农业与区域旅游业相关数据进行分析，构建国内旅游业与农业耦合可持续发展的评价指标体系和评价模型，对我国截至 2019 年初这一时间段内农旅耦合的区域发展程度得到的基本判断，为国内类似区域的两大产业耦合发展及推进两大产业的可持续发展建立了一个可行的框架，扩展了国内区域旅游业发展空间。为了充分发挥农业与旅游目的地之间的互利作用，最大限度地提升它们的综合发展水平，需要对二者的耦合协调程度、发展规律进行研究，从而帮助区域政府制定令二者发展相适应的政策。把农旅耦合作为解决旅游资源等困境的突破口，大力发展现代农业旅游产业，以现代农业化旅游作为招牌，丰富农业旅游产业活动项目，产生旅游区域化差异，持续推进中国旅游产业改革发展。

5. 促进区域内经济文化全面发展

除了地区原因，还有许多因素影响着我国区域旅游经济发展趋势。由于社会经济的发展，全国人均生活水平的日益提高，消费趋势逐渐从发展性消费向享受型消费发生转变，因此居民对我国的旅游质量要求也日益增高。习近平总书记对于区域发展的一系列重要论述中强调要"继续深入实施区域发展总体战略"。本章通过总结针对区域旅游业中所出现的相关区域农业等经济差异问题，运用空间统计分析法进行分析研究，通过对数据的分析和研究方法的选择，提出有针对性的建议，平衡发展我国的旅游业，制订适当的旅游管理方案，缩小旅游地区经济发展差距的努力，将有助于促进国家经济和社会的和谐发展。

第 2 章 理论基础与文献综述

2.1 相关概念界定

2.1.1 旅游业

学术界对于旅游学的研究已传承上百年，但对于"旅游业"是什么此问题的答案仍然存在争议，而争议的关键在于旅游业所涉及的范围。

旅游（tour）一词要追溯到拉丁语中的"tornare"和希腊语的"tornos"。在1911年，英格兰的《体育杂志》中使用了这个词。日本学者土井厚（1983）将旅游业定义为促使旅游者完成旅游活动的中间者，将其等同于旅行社。随着时间和环境的变化，衍生出更为综合性的概念，将旅游活动开展中所需要的各种服务的供应产业纳入（唐纳德·伦德伯格，1979）。但是，旅游业作为经济产业之一，旅游产品的经济属性的显现进一步促进了对于旅游业定义的探讨，Leiper（1979）将旅游业的定义扩展到可提供旅游产品的市场主体层面，专家学者们对旅游业的定义体现了旅游业对于旅游者和旅游资源的纽带作用。我国旅游学界对于旅游业此概念的评判也不尽一致。谢彦君（1999）认为旅游业范围确定的本质是对旅游产品的定义把握，他根据旅游产品形态和价值将其划分为核心旅游产品和组合旅游产品，依托旅游产品所涉及的范围，将旅游业划分为狭义和广义两个层面。在谢彦君对旅游业分类的基础上，郑向敏和宋子千（2001）考虑到旅游产品、服务于旅游活动本身的关联性，确定狭义旅游的范围即是旅游业基本行业与相关产业；其他与旅游业间接相关的产业归于"泛旅游业"。另外，申葆嘉（2007）则认为，在我国旅游业主要涉及的是住宿业、餐饮业、旅行社以及主题公园为主要支撑的接待业的集合体，是为了满足旅游者不同需求的业务群体,既不是一个实体行业,也不涉及生产性质,其经济特征过于明显,缺乏将旅游相关要素纳入旅游业体系的能力,是"小范围"的旅游业。以上对于旅游业概念的界定,无论是"小范围",还是"二分法"①或者"三分法"②,都是从旅游供给的角度出发,李天元(2014)则认为旅游所涉及的庞大范围是由旅游业自身特征所决定的,从需求视角将旅游业定义为旅游所涉及的相关产业的集合。对于旅游业而言,无论是"三大支柱说"③、"五大部门说"④、"六要素说"⑤还是"二分法"、"三分法",争议的根源在于旅游活动涉及多样化、复杂化的相关产业,边界不明确,进而导致对于旅游产品缺乏清晰的划分依据,所以在概念界定时,不能确切地指出哪些属于旅游活动,哪些属于旅游产品,也就无法给出明确的旅游业的定义。因此,关于旅游业的概念,无论是需求视角抑或是供给视角,需要明确的是旅游业是具有经济属性的众多行业的集合体,至于集合体具体的范围,则需要根据旅游产品和旅游活动所涉及的内容而定。

2.1.2 农业

农业是一种遵循动植物自然生长方式,以及通过人工培育来实现生产活动的产业。农业是第一产业的代表产业,是我国发展的基础产业。根据所包括的产业种类,农业有广义与狭义的理解。人们通常用农业概念所代指的种植业和农作物栽培业属狭义概念,广义的农业是指在狭义概念的基础上,还包括林业、渔业、畜牧业等。我国农业不断地在发展、进步,逐渐走向现代化。我国农业伴随着历史的脚步不断演变,已由初期的原始农业,以及以手工业为主的传统农业逐渐向现代化农业发展。目前学者对现代农业的解读和理解并不完全一致,但都认为我国农业不断地突出以科学改善劳动方式、以技术武装生产工具、以现代管理理论指导农业经营的特点,使得农业在土地、资源方面的利用率得到了大幅度提升,劳动效率和产品商品率整体也在不断上升。农业在发展进程中

---

① 世界旅游组织(1995)建议用"旅游活动国际标准分类(SICTA)"将旅游活动划分为完全属于旅游业的产业部门和部分涉及旅游业的部门两种情况。
② 世界旅游组织等建议的《旅游卫星账户:推荐方法框架》按照与旅游活动的关联程度将旅游业分为旅游特征产业、旅游相关产业和其他产业。
③ 联合国《国际标准产业分类》中规定,旅游业主要由旅行社行业、交通客运业和住宿业构成。
④ 20世纪80年代旅游学界的主流观点,认为旅游业旅行业务组织部门、目的地旅游组织部门、交通运输部门、住宿接待部门、游览场所经营部门构成。
⑤ 在我国旅游理论界,比较流行把旅游者消费的食、住、行、游、娱、购产品称为旅游"六要素"。

产业结构不断优化，科学化、商品化、集约化等特征越来越显著，而在我国农业发展的历程中，不断追求的是经济效益、社会效益与生态效益三者的有机统一。农业不断地向现代化发展的主要形式，如表2-1所示。

表2-1　　　　　　　　　　　农业的演变

名称	概念界定
原始农业	原始农业从事的是简单农事活动，使用的工具为石器、木棒等简单生产工具。农事活动效率低，很大程度上受天气、土壤等原始自然条件的影响（严文明，2016）
传统农业	传统农业指的是以手工劳动方式为主的农业，根据历史传承下来的耕耘经验、方法、技术发展农业。相比原始农业而言，生产工具更加多样化，利用畜力、铁器等提升农业效率，创造自给自足的自然经济（王明霞，2019）
现代农业	现代农业指的是相比传统农业而言，在多样生产工具的基础之上，广泛地应用科学技术、采用现代科学的管理方法的农业（黄华康，2019）
有机农业	有机农业是符合可持续发展原则的，采用科学、规范的农业技术来维持农业生产体系稳定的农业。有机农业不使用化学合成物质，也不使用基因工程相关产物，严格依照有机农业的生产标准和原则、遵循生态的自然发展规律（刘晓梅等，2016）
生态农业	生态农业指的是一种集约化经营的农业形式，生态农业遵循生态经济学的规律，应用系统的技术和方法来实现改善农业生态环境以及保护农业生态环境的目标（王建波，2019）
观光农业	观光农业指的是以农业为载体，实现农业与旅游元素的融合，具有观光、体验、娱乐等功能的一种新型的生态旅游业（隋友华，2017）
精准农业	精准农业指的是通过高效利用各种农业资源来降低投入，提高收入，即希望取得最大经济效益、社会效益的农业。精准农业一方面依据作物的生长状况来调节投入方案，另一方面为作物进行系统性的诊断，并为其设计特定的配方、技术、管理方法以达到既定的生产目标（方向明，2018）
能源农业	能源农业也称为"绿色农业"，其作物的燃烧相比矿物质而言，对环境污染更小。能源农业的主要开发对象是生物质，通过生化和物化转换以及自然燃烧等方式有效地利用生物能源（秦海生，2012）

2.1.3　耦合

耦合一词源于物理学，用以描述多个电路元件和电网络的输入、输出关系。系统理论思想下的耦合意味着两个或两个以上的能量和信息系统相互影响，并保持密切的关系。耦合程度是系统或系统相互作用的程度。耦合度的大小可以反映出各要素之间或系统之间关联的程度以及相互作用的秩序；值越高，表明系统或系统之间的相关性越强，它们朝着良性方向发展的程度就越高；值越低，表明系统或系统之间的相关性就越低，它们就越处于混乱和无序的状态。

协调，即和谐、协调，在系统理论之下这意味着系统或各要素之间发展一致、相互影响和促进，协调度则是衡量要素和系统密切发展的程度。吴大进、曹力、陈丽华（1990）提出系统是否可以由无序向有序发展是由耦合和协调共同决定的，在此基础上则可以综合利用耦合度和协调度来对系统有序化过程进行评价。耦合协调度是对系统之间的协调程度进行度量，反映了系统之间的运动趋势，这是衡量系统之间是否能有序化的重要指标；协调度的高低反映了系统之间协调性的好坏。据此，产业耦合度则是评价两个或两个以上的产业耦合协调发展的状况。

2.1.4 区域差异

"何为区域"是一切区域问题研究的起点，但目前关于区域的概念在不同学科及不同学者之间并未达成共识。区域作为一个专业概念最早从地理学开始，地理学者认为区域的内部性质相同，而各种要素在不同区域组成复合体的过程中表现为不同趋势（阿尔夫雷德·赫特纳，王兰生，2009）；区域规划学者则加入了空间思维，认为区域是充斥着物质与非物质的空间结构（崔功豪、魏清泉、刘科伟，2006）；政治学者把区域从国家的行政管理角度进行理解，看作是具有一定行政等级的单元；社会学者则融入了更多人类文化的元素；而经济学界则认为区域的概念是模糊的，可以根据不同的研究内容具体定义（林矗，2003）。在对各学科关于区域概念的总结上，遵循综合性和整体性，本书将区域定义为有意识划分的，由经济、社会、生态等聚合形成的空间单元。

差异即不同，区域差异是区域的一个性质表现。基于区域的概念，不同学者根据不同的研究范围和目的对区域差异有不同的理解。韦伟（1994年）认为，区域差异体现在国家内部各区域发展差异上，具体由经济增长速度、经济发展水平、综合经济实力等指标体现。但区域之间的差异并不仅仅存在于经济领域，吴殿廷（2004）将此范围扩展至自然条件、经济发展现有水平、经济发展可预期前景等方面。事实上，区域内的组成要素是相当繁杂的[①]，对于差异的理解视

---

① 区域地理要素，指构成区域地理系统的主要成分或部门。例如，地貌、气候、水文、土壤、植被与动物、人口与文化、经济的各部门等。

角是多方面的，因而区域差异的内涵相当宽泛，差异可以表现为不同地区之间方方面面的不同（郭岚，2008）而由于经济要素在区域中的基础性和重要性以及区域要素之间的联动性，学界对于区域经济差异投入了更多研究。区域差异在经济层面的定义也更为丰富。基于经济学者对区域边界的模糊性理解，区域差异的解释也出现被区域差距替代的现象。宋学明（1996）从新古典理论视角下用区域间人均收入差距和经济增长率差距来衡量区域差距。若保留差距对差异的不完全替代作用，而将范围扩大，区域差距发展水平的差距、生活水平的差距以及文化背景的差距？（王一鸣，1998）。从上述对区域差异概念的理解中可以看出，学者对区域差异的研究集中在经济层面，并且区域差异的概念处于发展的状态，其内涵随着研究范围和研究目的的变化被反复定义。

2.2 相关理论基础

2.2.1 区域经济发展差异理论

区域非均衡发展理论[①]是基于资源的稀缺性而产生的，认为区域是不能实现均衡发展的，因而它强调的是优先发展部分部门和地区，再由这些优先发展的部分部门和地区带动整个区域的发展，同时还强调根据区域发展的不同状态进行选择重点部门和重点地区。本书主要选择了增长极理论、不平衡增长理论、中心—外围理论、倒"U"形假说进行阐释。

（1）增长极理论

增长极理论最早是在1950年，由经济学家佩鲁提出，在此之后有布代维尔、缪尔达尔以及赫希曼等对此理论进行了补充。增长极理论认为经济增长并不是在所有地方同步的，增长往往出现在某一个地方或者某一增长极点上，然后从增长极向外散发，对整个经济发展产生影响。从市场的角度即为，经济增长往

---

① 非均衡发展理论大体可分为两类：一类是无时间变量的，主要包括循环累积因果论、不平衡增长论与产业关联论、增长极理论，中心—外围理论、梯度转移理论等；另一类是有时间变量的，主要以倒"U"形理论为代表。

往是首先出现在某些部门或者产业，发展的集聚效应会使得这些部门和产业迅速成为增长极，进而通过扩散作用，增长极在增强自身发展的同时带动其他部门或区域发展。因此要选择增长极以带动和促进经济的发展。增长极理论的主要发展历程如表2-2所示。

表2-2　　　　　　　　增长极理论主要发展历程

时间	提出者	主要内容
20世纪40年代末至50年代初	佩鲁	增长首先出现在"增长点"，然后进行扩散，进而影响整个区域的经济发展
20世纪60年代	布代维尔	正式提出"区域发展极"的概念，强调区域的地理性质，因而增长极的"极"往往就出现在城镇或区域中心，明确了增长极的地理位置
1957年	缪尔达尔	提出了"地理上的二元经济"结构理论，用"扩散效应"和"回波效应"解释了增长极对落后地区发展的积极影响和消极影响
1958年	赫希曼	强调当出现增长极时，各种资源将在此区域形成集聚效应，极大地促进该地区的发展，使得此区域成了核心区，其周边的落后区域成了边缘区

增长极指的是某些创新能力强、规模大、增长快，与其他产业具有关联关系且具有支配能力的工厂或工厂集合。增长极对同一个区域的其他经济单元存在着"支配效应"，增长极在其发展中会逐渐与其他产业门类或是区域之间形成明显差异，当增长极足够强大时，会通过后向、前向效应带动其他产业或者其他区域发展，发挥增长极的作用来缩小差距。增长极的这种效应可以表示为：

$$Sr = S_0^a \cdot e^r \tag{2-1}$$

式（2-1）中Sr为距离增长极为r远的扩散程度，S_0为增长极向外扩散的速度，a为距离衰减系数，r为距离。

（2）不平衡增长理论

不平衡增长理论由赫希曼（Hirschman）提出，该理论认为，区域经济发展在空间上是不均匀的发展过程，首先在一个或几个优势地区发展，再带动相关地区发展，在区域经济发展过程中，增长极现象是不可避免的。此外，赫希曼认为在一个发展中国家，如何利用稀缺的企业家资源，建立合理的决策机制是最主要的问题，在此基础上有效地配置资源，促进经济增长（叶静怡，2003）。因此，赫希曼又提出了解决这一问题的关键"引致投资最大化"原理及"关联效应"理论。

引致投资最大化原理也叫引致决策最大化原理，经济投资活动被赫希曼分为"社会预摊资本"和"直接生产性活动"两个部分。并依据两个部分提出了两条发展路径。其一为"短缺发展"，强调先投资直接生产性活动；其二为"过剩发展"，强调先对社会预摊资本进行投资的。在选择优先发展项目时应依据关联效应原理，该效应分为"前向关联"和"后向关联"。关联效应强调要选择具有联系效应最强的部门或产业。由该产业产品的需求价格弹性和收入弹性共同确定关联效应的大小。一个产业的需求价格弹性表示该产业产品需求量随该产业产品价格发生变化产生的反应，产品 i 的需求价格弹性公式表示为：

$$产业 i 的需求价格弹性 = \frac{i 产业产出量的增长率}{i 产业产品价格的增长率} = \frac{dy_i/y_i}{dp_i/p_i} \quad (2-2)$$

其中 y_i 表示 i 产业的产出量或整个经济对 i 产业产品更新换代需求量，p_i 表示 i 产业产品的价格。

一个产业的需求收入弹性表示该产业的人均消费额随人均国民收入变化而发生的变化，即：

$$产业的需求收入弹性 = \frac{i 产业产品人均消费增长率}{人均国民收入增长率} = \frac{d(y_i/n)/(y_i/n)}{d(y/n)(y/n)} \quad (2-3)$$

其中 n 表示人口，y_i/n 表示 i 产业的人均产出量或人均消费量，y/n 表示人均国民收入。

如果一个产业的需求价格弹性和需求收入弹性与该产业的关联效应成正相关。同时，该理论提出"极化效应"与"涓滴效应"①并得出这两个理论是"北方"（经济发展发达地区）和"南方"（经济发展落后地区）发展不平衡的产生关键，在经济发展初期，以发展极产生的极化效应为主，但从长线发展来看，经济发展以涓滴效应为主。这对于缩小区域发展差异有重要作用，因此赫希曼认为应当有一些政策来维持两种效应的这种有利状态。

（3）中心—外围理论

中心—外围理论最早由劳尔·普雷维什（Raul prebisch）提出，该理论主要用于发达国家和落后国家间的中心—外围关系。此后，在区域经济学中的应用

---

① 赫希曼认为，如果一个国家的经济增长率先在某个区域发生，那么它就会对其他区域产生作用。为了解释方便，他把经济相对发达区域称为"北方"，欠发达区域称为"南方"。北方的增长对南方将产生不利和有利的作用，分别称之为"极化效应"和"涓滴效应"。

使其得到进一步发展与完善。在该理论中，国家的区域系统是一个空间二元结构，其中的"二元"指中心和外围两个子系统，但这两个子系统的地位并非均等，处于支配地位的中心区在其发展中通过一系列连锁效应来进一步巩固自身的地位，处于依附地位的边缘区往往有资源、区位等多方面劣势。弗里德曼将经济发展划分为四个阶段并概括了不同阶段的特征：前工业化阶段、中心—外围阶段（工业化初期阶段）、中心—外围阶段（工业化成熟阶段）、空间一体化阶段（后工业化阶段）。而在每个发展阶段中，阶段的特征主要是通过要素的流动特点来体现。在这四个阶段中，弗里德曼将工业化的初期及成熟两个阶段统称为中心—外围阶段，如表2-3所示。

表2-3　　　　　　　　　工业化的中心—外围阶段

项目	工业化初级阶段	工业化成熟阶段
资源要素流动状态	外围区域资源要素大量流入中心去	中心区要素高度集中，开始回流到外围区
区域经济典型特征	中心区进入极化过程，少数主导地带迅速膨胀	中心区开始对外扩散的过程中，外围区出现较小中心

中心—外围理论认为区域的经济发展存在多个经济发展极，并由此重点发展区域向外扩散，经济的发达程度则与中心地区的距离密切相关，距离中心越近越发展，反之亦然。

（4）倒"U"形假说

倒"U"形假说由威廉姆森（Williamson）提出，是将库兹涅茨（Kuznets）的收入分配倒"U"形假说用于对区域差异的分析中，在多次对截面及时间序列的实证分析中得出结论：区域经济发展水平与区域差异之间存在倒"U"形关系，也就是，在经济发展的初始时期，区域差异较小；而区域差异随着经济发展水平的提高而不断增大，直到在最高水平区域平稳；当经济发展进入成熟阶段，区域差异又会逐渐缩小，如图2-1所示。

2.2.2　协调发展理论

"协调"一词在经济学领域最早在威廉·配第的等价交换论中出现，他将协调理解为双方的等价交换，可见，在经济学中协调是对两种关系匹配与否的评

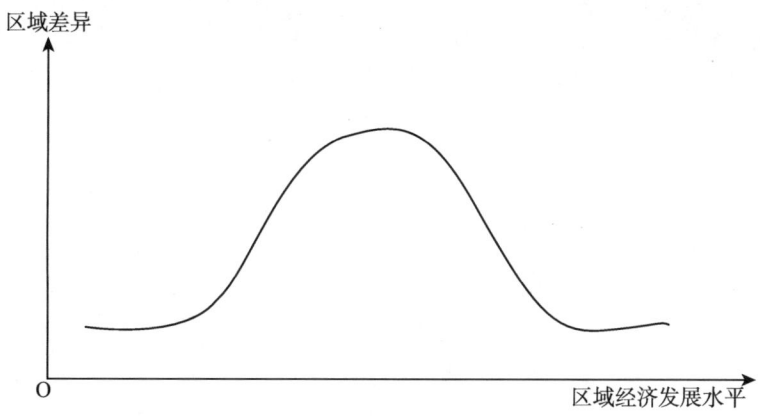

图 2-1 区域差异倒"U"形假说

判。协调理论的内涵不局限于理论本身,也包括相关思想、理论和方法(唐萌,2019)。经济发展问题一直是备受关注的问题,随着研究的不断深入发展概念被赋予了更深刻的含义,即协调发展的相关理论产生(张凤太、苏维词,2015)。1973年,瓦西里·里昂惕夫在研究生产和分配的关系时,使用投入产出法在研究方法方面对该理论进行了充实。协调衡量的对象是两者或两者以上,使这些要素构成理想的整体状态。在协调系统之内的各个要素并不是相互独立的,而是相互影响,通过一定的方式最后实现统一的协调目标,进而实现协调发展的过程。

随着协调发展的思想运用越来越广泛,其在资源、生态环境等领域的研究中也有不少涉及,该理论还为可持续发展理论、科学发展观等理论奠定了思想基础。而对于区域协调发展理论,学界并没有形成统一,在学者的研究中,大致将其分为了两个部分:一种是从区域经济发展的角度进行定义,如区域税收政策课题组(1998)认为区域协调发展是指在时间序列中,各地区人均实际GNP都有所增长;徐现祥、舒元(2005)从省区协调发展角度认为区域经济协调发展属于趋同的研究范畴。另一种强调区域政治、经济、环境等各项因素的协调发展,曾坤生(2000)从区域空间系统角度研究协调,包括对中东西三大地区、城乡经济、产业结构等板块;陈耀(2006)则从发展目标角度,将其定位在公共服务均等化。可见,区域协调发展理论的内涵具有发展性、根据不同研究目的和研究范围而有所不同。

农业是第一产业中的重点产业,旅游业是第三产业中的朝阳产业,根据已有研究对旅游业与农业存在协调发展相关关系的证明,旅游业与农业可以相互产生积极影响。本书主要从耦合协调角度来探究旅游业与农业之间的关系,因此旅游业与农业之间的协调度计算公式如下:

$$D = \sqrt{C \times T} \qquad (2-4)$$

其中 C 为旅游业与农业的耦合度，T 为综合评价指数。计算公式如下：

$$C = \sqrt{\frac{U_1 \times U_2}{(U_1 + U_2)^2}} \qquad (2-5)$$

$$T = \alpha \times U_1 + \beta \times U_2 \qquad (2-6)$$

其中 U_1、U_2 分别为根据所选取的农业和旅游业发展指标计算出的农业产业指数和旅游业产业指数，α、β 分别为农业和旅游业熵值权重。

D 值范围区间为 [0, 1]，D 值越大，则说明两系统间的协调发展越好，D 为 1 时说明二者处于完全协调的水平，反之则表明二者的耦合协调程度越差，D 为 0 时说明系统间完全不协调，整体处于充分无序的状态。

2.2.3 共生理论

"共生"一词最早是应用于真菌学领域的概念，由德国真菌学家德贝里（Ant on de Bary）在 1879 年提出，用于形容不同种属生物生活在一起的物质联系。"共生"的思想在 19 世纪五六十年代逐渐被应用于其他如生态学、社会学、经济学、管理学等学科。最早将共生理论应用在经济学研究中的是袁纯清（1998），他表示，共生现象除了出现在生物界中，还在经济范畴中大量出现，主要指主体之间的经济物质联系。而在共生理论的基础上，他构建的概念体系、基本逻辑框架和基本分析方法是社会科学研究所必需的。结合已有研究，本书认为"共生"就是指不同种属在同一环境中生存，按照所存在的物质联系互相影响。共生单元、共生模式、共生环境、共生效应是根据共生理论的概念而确定的四大要素。

旅游业与农业也存在着共生关系，旅游业的发展带来的市场需求可以有效地促进农业的转型升级，向现代农业转变；而农业发展可以满足旅游业发展的一些需求，农业的发展也丰富了旅游业的资源，在两产业间建立物质和能量的关联和互动关系，进而在发展中呈现出复合的趋势。旅游业与农业的共生发展呈现分时段、动态性、多参数的特点，演化态势表现为复杂的行为和轨迹，这在形态上非常类似于生态系统中生物种群的共生进化。因此可采用 Logistic 模型来分析旅游业与农业的共生关系，如式（2-7）所示。该模型反映了旅游业与农业各自产业效益水平的共生演化过程，以及每个产业的产出效益增长与自身、对方产业之间的关系。

$$\frac{dY_1}{dt} = r_1 Y_1 \left(1 - \frac{Y_1}{n_1} + s_{12} Y_2\right) \qquad (2-7)$$

$$\frac{dY_2}{dt} = r_2 Y_2 \left(1 - \frac{Y_2}{n_2} + s_{21} Y_1\right) \qquad (2-8)$$

$$Y_1(0) = Y_1^0 \qquad (2-9)$$

$$Y_2(0) = Y_2^0 \qquad (2-10)$$

在模型中，Y_1、Y_2 分别表示农业、旅游业在 t 时刻的产出效益水平；$Y_1(0)$、$Y_2(0)$ 为 Y_1、Y_2 的初始值；n_1 和 n_2 分别表示农业、旅游业在给定资源条件下的最大产出效益水平；r_1 和 r_2 分别表示农业、旅游业的产出效益自然增长率；s_{12}、s_{21} 分别表示旅游业对农业、农业对旅游业的共生作用系数。模型中 $1-(Y_1/n_1)$、$1-(Y_2/n_2)$ 是限制因子，称为 Logistic 系数，分别反映农业、旅游业因自身产出效应水平的提高而表现出对自身发展的阻滞作用。

2.2.4 产业融合理论

随着高新科技越来越广泛地应用在发达国家，在许多产业，特别是信息技术服务产业出现边界模糊的现象，甚至消失的趋势，这种现象逐渐扩散至其他产业，许多国外学者由此开始了研究。产业的融合过程就是不同产业的各要素相互作用，相互影响，如图 2-2 所示。

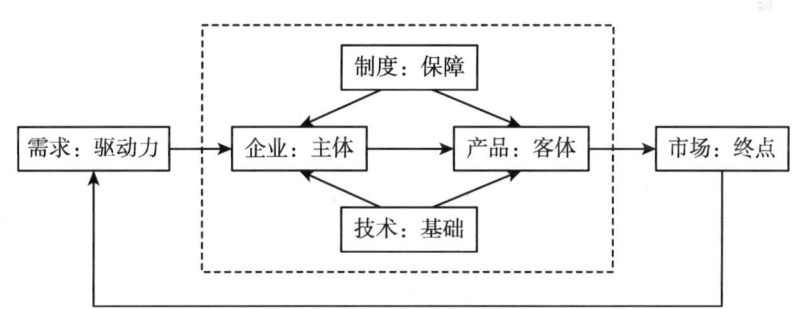

图 2-2 产业融合过程

产业融合是现代产业发展的方向，主动打破产业间相互孤立的状态，开始寻求不同产业间的联系及作用机制，以此逐渐形成一个全新的产业状态，既是对原产业活力的延续，也是创新的动态过程。在经济全球化的时代背景下，各行业面临的挑战越来越多，要想实现产业持续发展、保持产业活力，那就需要寻求有效的方式解决这一困境。全球化除了给各行业带来许多挑战以外，也带来了很多机遇，比如给各产业的融合提供了很好的条件。单打独斗式的发展已经无法适应各产业的发展需要，越来越多的行业管理者开始寻找伙伴，开始尝试将产业联合起来，产业融合的概念也越来越多地被使用。各个产业开始打破原有的发展壁垒，主动与其他产业进行融合发展，产业之间的界限逐渐消失。不同产业融合发展突破了产业孤立发展的局限性，实现了互补发展。Farhad（1999）提出在产业融合中，对资源的合理配置可以有效驱动产业转型升级。Carluer 和 Gaulier（2005）在研究劳动生产率在总体和部门层面的差异时，发现劳动力的跨部门再分配会对产业趋同产生影响。

产业要实现融合，首先满足产业间相互关联的前提；然后相互关联的两个产业会逐渐发展融合。在当下产业融合的趋势下，旅游业与农业的融合是十分典型和重要的领域；而农业的多功能发展和旅游业的快速发展都将互相促进，两者的融合是实现产业规模扩大、产业效益提高、产业形态创新的有效探索。旅游业是多产业复合的结果，对其的评价工作是繁杂的，而由于旅游业与农业融合发展的历史较短，难以获取数据，因此很难通过数据分析来衡量两者间的融合程度。可见，从产业融合度来评价旅游业与农业是产业融合中的重难点，运用产业融合理论来探究旅游业与农业的耦合机制，可以在理论上丰富两大产业的耦合评价及研究。旅游业与农业融合的内容系统如图 2-3 所示。

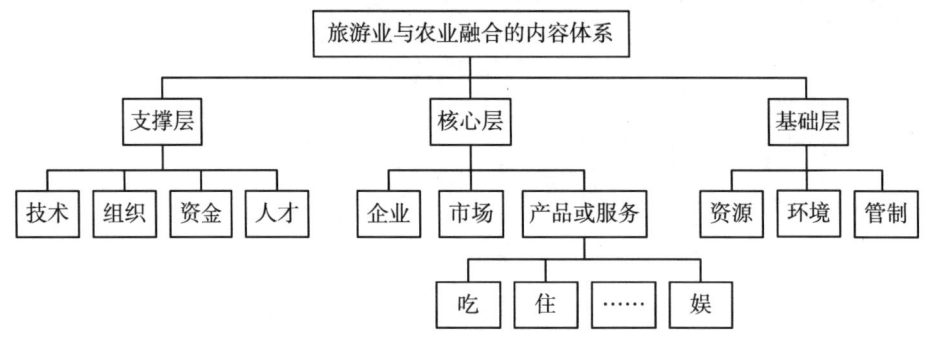

图 2-3 旅游业与农业融合内容系统

2.2.5 耦合发展理论

美国学者 Pearce 在研究微波电子管时最早提出耦合的概念，此后学者 Miller

和 Semy on Kuno 提出了波导式耦合基本理论，对这一概念进行了完善。随着耦合的概念不断在自然科学和社会科学中被应用，经由众多学者在研究中对其的完善，如今形成了一种定量研究方法。耦合主要探究的是系统彼此之间相互作用的动态关系。耦合可以分为正向耦合和负向耦合，如果系统间相互产生积极影响及是正向耦合，这时的耦合关系可以促进系统更好地发展；当系统间相互阻碍即为负向耦合，这时的耦合关系会导致系统发展趋向无序状态。

针对不同的研究内容耦合理论被区分为耦合度和协调发展度。耦合度从时间序列上研究可以反映具有耦合关系的系统在时期上的变化规律，从空间尺度上可以用以分析区域间的差异，耦合度是对系统耦合关系进行衡量的一个定量指标。时空的耦合度大小可以反映出系统的耦合程度及耦合发展阶段，进而探究耦合发展的阶段问题。一个系统的发展方向往往是由系统中的要素是否健康有序来决定，要素的协同发展是系统发展的决定性因素。耦合度衡量的是系统之间协调发展的程度，也就是对系统之间相互影响的度量，这一指标无法体现系统中的要素，因而引入耦合协调度这一指标。耦合协调度与系统间的耦合关系成正相关，能反映出系统之间联系的紧密程度。

在经济发展中，旅游业与农业都十分重要，本书将这两大系统看作同一等级对象。农业—旅游业耦合度及耦合协调度即指两大产业相互影响的程度及协调发展关系的强弱。旅游业与农业的耦合机制如图 2-4 所示。

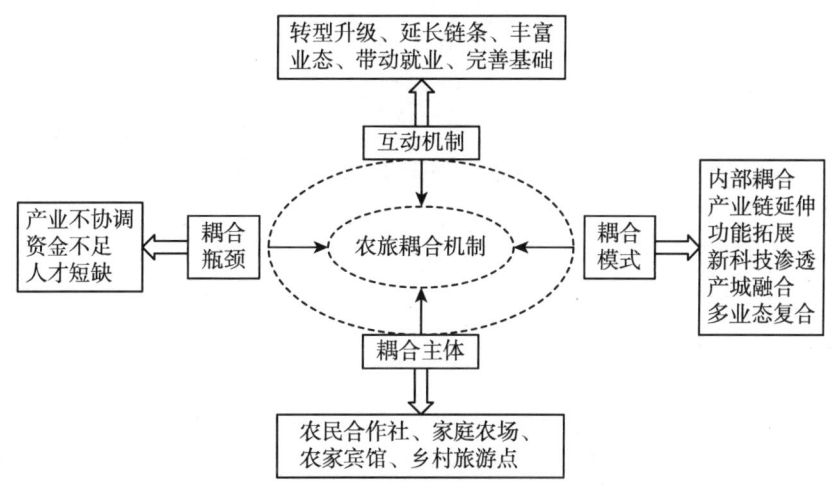

图 2-4 旅游业与农业的耦合机制

2.3 国内外相关文献综述

2.3.1 耦合测量方法

(1) 耦合度

耦合度是用来描述模块或者系统间信息参数彼此影响程度和作用程度的度量。影响系统内部朝有序机理发展的决定性因素是其序参量的协同作用,它将对整个系统的发展变化起关键作用,而耦合度则是这种系统间协同作用的度量标准。耦合度按照强弱程度可划分为内容耦合、公共耦合、外部耦合、控制耦合、数据耦合、非直接耦合,如表2-4所示。

表2-4　　　　　　　　耦合类型

耦合类型	类型描述
内容耦合	耦合度最强,指彼此联系的两个模块间的数据直接由彼此修改或操作,或者发生直接的融合转入情况时就称为发生内容耦合。在这种情况下,被修改的模块便完全听从修改它模块的指令
公共耦合	假如一组有共同联系的模块同时访问一组公共数据环境,则称该组模块间的耦合关系为公共耦合
外部耦合	假如一组模块不通过参数表输出变量信息,仅同时访问同一组全局简单变量,则称该组模块间的耦合关系为外部耦合
控制耦合	若一个模块在界面上对其他模块的控制需要通过传递开关、名字、标志等信号来达成,被控制变量根据接收到的信号值进行调整的动作,则称该组模块间的耦合关系为控制耦合
数据耦合	模块间的互动不由外部变量或参数数据控制,而是通过简单的参数数据进行信息的传递
非直接耦合	模块间不存在信号传递

通过对物理学领域中容量耦合系数模型和容量耦合概念的延伸引用,建立两个子系统间的耦合度模型并对其耦合协调发展水平进行测算,一般分为三个步骤进行:

第一步:建立子系统的综合评价指标模型,对数据进行标准化处理。将系统指标的个数用 i 表示,其值表示为 X_i ($i=1,2,3,\cdots,n$),其中最小值与最大值的表示形式为 X_{min} 与 X_{max}。U_i 表示为各项指标对该系统的功效函数,故子系统间的各项指标对该系统的功效函数可以表示为:

$$U_i = \frac{X_i - X_{min}}{X_{max} - X_{min}} (U_i \text{ 具有正功效}) \tag{2-11}$$

$$U_i = \frac{X_{max} - X_i}{X_{max} - X_{min}} (U_i \text{ 具有负功效}) \tag{2-12}$$

$U_i \in (1,0)$,当 U_i 越趋向于 0 时,表示满意度越低,当 U_i 越趋向于 1 时,则表示满意度越高。子系统中各项指标参数的总功效可以用线性加权的方式表现出来,即子系统的综合评价指标模型为:

$$f(X) = \sum_{i=1}^{n} \alpha_i X_i \tag{2-13}$$

第二步:耦合度函数的建立。借鉴物理学中的耦合概念及其系数模型,推导出两个子系统间相互作用的耦合度模型:

$$C = \sqrt{\{(U_1 \times U_2)/(U_1 + U_2)^2\}} \tag{2-14}$$

其中 C 表示两个系统间的耦合度,U_1 和 U_2 分别表示两个系统各自的综合评价指数。耦合度函数模型可以衡量两个相关系统间耦合的协调程度。由该模型可看出,$C \in [1,0]$,当 C 值越大,则表明两系统间的耦合度越好,反映出两者间的协调程度高,反之同理。

第三步:指标体系构建。根据具体的子系统的研究内容建立系统指标体系并依照熵权法计算贡献度以确定指标权重。

P_{ij} 第 j 指标下第 i 个年份的贡献度:

$$P_{ij} = X'_{ij} / \sum_{i=1}^{m} X'_{ij} \tag{2-15}$$

其中,X'_{ij} 为样本子系统原始指标标准化后的值。

E_j 表示第 j 指标的熵值:

$$E_j = -K \sum_{i=1}^{m} P_{ij} \ln P_{ij} \tag{2-16}$$

其中 $K = 1/\ln m$,$E_j \in [0,1]$,各 j 指标的熵权重值:

$$W_j = (1 - E_j) / \sum_{j=1}^{n} (1 - E_j) \tag{2-17}$$

张勇(2013)和王毅(2015)为进一步更加细致地描述两系统间的融合协调程度,运用等差数列的划分方法将测算出的耦合度 C 值划分为 5 个等级,如

表2-5所示。

表2-5　　　　　　　　耦合等级划分及解释

耦合度区间	耦合强度	耦合度解释
(0, 0.2]	极低耦合	系统低度耦合阶段，两系统开始耦合，整体呈现二元结构发展
(0.2, 0.4]	轻度耦合	系统拮抗耦合时期，系统间相互影响作用开始凸显，二者开始逐渐适应
(0.4, 0.6]	中度耦合	系统磨合时期，两系统间处于磨合时期并开始向良性耦合状态发展
(0.6, 0.8]	良性耦合	系统良性耦合时期，两系统间在很大程度上影响，彼此促进
(0.8, 1.0]	高度耦合	系统高度耦合阶段，耦合度达到最大，整个系统不断朝更高水平的有序结构发展

（2）耦合协调度

耦合的整体协同效应的评价指标。耦合度可用于测量系统间相互作用影响程度情况，但是也存在一定的局限性，比如同处于较低水平的两个系统指数也会出现二者高耦合度的情况，但是这并不能真实反映双高水平情况时形成的高耦合度的意义。因此引入耦合协调度模型，将两系统各自的综合发展指数纳入进来进行定量分析，以更客观真实地描述两系统间的协调发展程度。

$$D = \sqrt{C \times T} \qquad (2-18)$$

D值范围区间为[0, 1]，D值越大，则说明两系统间的协调发展越好，D为1时说明二者处于完全协调的水平，反之则表明二者的耦合协调程度越差，D为0时说明系统间完全不协调，整体处于充分无序的状态。李江苏（2014）根据D值大小将耦合协调度划分为10个等级，见表2-6。在此模型中，C表示两系统间的耦合度，T表示两系统的综合评价指数函数，计算公式分别如下：

$$C = \sqrt{\{(U_1 \times U_2)/(U_1 + U_2)^2\}} \qquad (2-19)$$

$$F = \alpha U_1 + \beta U_2 \qquad (2-20)$$

表2-6　　　　　　　　耦合协调度等级划分

耦合协调度区间	划分类型	耦合协调度区间	划分类型
(0, 0.1]	极度失调	(0.5, 0.6]	勉强协调
(0.1, 0.2]	严重失调	(0.6, 0.7]	初级协调
(0.2, 0.3]	中度失调	(0.7, 0.8]	中级协调
(0.3, 0.4]	轻度失调	(0.8, 0.9]	良好协调
(0.4, 0.5]	濒临失调	(0.9, 1.0]	优质协调

公式（2-19）中的 α 与 β 分别是两个子系统的待定系数，其权重大小根据子系统在整体组合的协调发展中的重要程度决定，通常通过具体研究的子系统对象实际情况、询问专家意见、参照类似研究成果等途径对其进行赋值。

(3) 产业耦合相关研究

近年来，产业耦合成为社会广泛关注的热点问题。旅游学作为新兴的交叉学科，与其他许多产业皆存在不可割裂的紧密关系，产业间的耦合研究日益成为学界学者们关注的焦点。Consortium（1995）运用聚类方法对南非的旅游产业聚集现象进行研究探讨。Ellion（1999）对美国旅游产业进行实证分析。庞娇（2018）以四川省为例，通过构建茶叶产业和旅游产业两者的耦合协调度模型对其间的耦合协调发展水平的时空演变进行量化分析。研究结果表明，旅游产业和茶叶产业的耦合协调度目前已发展至一个较平稳的水平，并总体呈现波动上升的趋势。张百菊（2018）通过构建农业系统——旅游业耦合模型，将2012—2016年吉林省的旅游业数据和农业数据输入模型进行计算，分析了两者的耦合协调发展的状况。唐业喜（2018）从张家界大鲵产业与旅游产业耦合机制入手，选取张家界旅游总收入、国内接待旅游人次、大鲵产业总产值、大鲵农业养殖规模等14项指标建立了两者耦合协调度模型，基于2012—2017年的混合数据进行计算得出结论：大鲵产业与旅游产业的融合日益紧密，但整体耦合程度较低。暴向平（2019）通过构建乌兰察布市文化产业与旅游产业两者的综合发展水平评价指标，运用耦合协调度模型测算2012—2016年两者耦合协调水平情况，研究结果表明，乌兰察布市文化产业和旅游产业耦合协调发展水平较低，有向高水平耦合发展的趋势但并不显著。

对于旅游业与农业耦合协调发展的研究大部分学者是采用定量方法，在模型的构造方面，现有研究主要分为三种构建耦合机制的模型：第一类以灰色关联性为模型构建的基础；第二类在物理耦合模型的基础上来研究产业耦合模型；第三类为耗散模型。大多数学者所采用的都是第二类构建方法，即在物理耦合模型的基础上来构建旅游业与农业耦合的模型。周彬、张梦瑶（2019）通过构建内蒙古文化产业发展水平和旅游经济两个系统的综合评价指标，运用耦合协调度模型对2004—2015年时间序列数据进行测算分析两者的协调发展程度，同时使用Logistic模型预测2016—2025年的耦合协调度。张红军、郑谦、李学兰（2018）利用耦合的原理，以安徽省为例，构建了安徽省农业、旅游业发展功效指数评价指标体系，选取了3个一级指标以及11个二级指标对此进行了相应的评估；王中雨（2017）在对河南省旅游业与农业耦合协调发展程度进行研究时，选取了10年的数据，构建了耦合协调度模型，进行了耦合度、耦合协调度分析；许悦、刘玲、刘维哲（2018）从全域旅游的视角出发，以海南省为例，构建了旅游业与现代农业耦合效应评价体系，运用了2006—2013年的数据建立了耦合度以及耦合协调度分析模型；张百菊（2018）在其研究中借用物理耦合系数模型，选取了四年吉林省的与旅游业和农业相关的数据，构建了旅游业—农业耦合模型，模型中对于旅游业和农业分别选取了7项评价指标，分析了吉林省的耦合协调状况；轩福华（2012）通过对哈尔滨市旅游产业结合耦合模型进行研究，作出了相应地分析与评价；袁中许（2013）采用模型实证方法，借助1993—2010年的序列数据，进行变量的假定，构建了相应的耦合模型；张英等（2015）以湖南省张家界为例，在产业融合理论的基础上，构建耦合协调度模型以及指标体系，对于旅游业和农业分别选取了规模、结构、成长、效率四项指标，并且进行了实证分析；周贵平（2018）以江苏省为例，将影响农业以及旅游业共同作用的诸多因素进行耦合关系处理，构建了耦合协调度模型，通过将其细化到三级指标来对其耦合发展进行了评价；陈文（2016）指出大力推动旅游业与农业协调发展具有十分重要的意义，他在其研究中通过在容量耦合系数模型的基础上，选取2011—2014年舟山休闲农业及旅游业方面的数据，对舟山休闲农业以及旅游业的耦合程度进行了相应的评估。

2.3.2 旅游业与农业耦合关系研究

国外关于旅游业与农业耦合发展关系的研究较早，一开始着眼于资源分配问题，学者认为旅游业发展会侵占农业发展资源。关于农旅发展关系的研究，大部分是对某种具体耦合发展的研究，如农业旅游、乡村旅游等，将方向放在游客、农民、社区等之上，更多地关注环境承载力或者可持续发展的问题，而从很少有学者从产业耦合的视角进行研究，仅存的研究大部分为定性研究，定量研究更少。Torres（2003）以墨西哥为研究对象，具体探究了农业与旅游业耦合存在的问题。Forsyth（1995）以泰国北部为例，研究了农业与旅游业为当地环境造成的正负面影响。Nisson（2002）、Puling 和 Dettori（2006）将重点放在农旅耦合的过程上，经过探讨得出旅游业与农业生产等耦合形成的农业旅游对农业产量和经济有积极影响。Rainey 和 Djunaidi（2010）从行业出发，探究农旅耦合的农业旅游同时具有两大行业的功效和特点,旅游要素和农业要素的结合不仅扩大了旅游供给,还能帮助农民增加就业(Sharon,Kirsty,2014)。

(1) 关于旅游业与农业耦合概念与内涵的研究

国内关于农旅耦合概念和内涵的探讨较为丰富,其中也涵盖了针对某一特定耦合产业新业态,如休闲农业、农业旅游、乡村旅游等的研究,这些新业态的出现和发展从外在上表现了产业耦合效应(张辉、黄雪莹,2011)。大部分国内学者以产业关联、交叉、渗透和产业链延伸为方向,在研究二者结合发展中,探究概念与内涵。陈琳(2006)以三大产业结构为视角,界定农旅耦合产业的内涵,并将其视为一三产业交叉最后产生的新型农业服务业。张文建(2011)认为农旅耦合的根本是两大产业内部资源、产出、效益等要素的相互作用。

(2) 关于旅游业与农业耦合的效应研究

农旅业耦合的效应主要涵盖耦合发展所产生的多方面经济、社会、生态影响,最显著的是在自己的行业中产生各种经济影响(程爱娣,2010),概括起来主要包括提高产出和收入、带动就业、促进产业结构调整、扩大产业规模等方面。打破农旅产业分界的耦合,实质是一三产业的交叉与渗透逐渐导致现代服务业发展的结果(张文建,2011),继而也对原产业的发展有促进作用,扩大原产业系统规模和效益,因而在区域非均衡发展背景下,农旅耦合成为欠发达地区实现精准扶贫和区域发展的新路径(杨红、董耀武、尹新哲,2013)。梁伟军(2010)通过问卷调研收集数据,得出农旅耦合发展推动农业单一化结构的改变、帮助农民增收,并实现农村环境改善等经济效应。

(3) 关于旅游业与农业耦合发展状况的定量研究

农旅耦合度的测度主要分为微观、中观和宏观三个层面的指标和定量分析模型的构建。微观视角测算的主要方法为实地调研,因此可以设计最为完善的指标体系,徐峰(2000)较早提出了农业资源开发、旅游资源、生态环境与效益的耦合评价发展指标,但是,他提出的结合主观因素的综合评价方法仅可用于小规模的微观分析,主观因素也可能对定量评价耦合程度的有效性产生影响。陈洁(2014)从包括广度、深度和贡献度的三重维度出发,构建了评价指标体系和熵权层次分析评价模型,并以两个县作为研究对象检验了模型的可行性,虽然在一定程度上克服了主观因素的限制,但由于指标的精细化程度需要更高的数据,因此仍然只适用于农业和旅游业的一小部分耦合测度。

2.3.3　区域经济差异

(1) 国外区域经济差异文献综述

国外存在许多关于区域经济差异的研究，大部分着眼于区域经济差异的构成与分解。新的理论与研究方法被应用于系统分析与分解分析区域经济差异的构成因素，以期找寻差异的根源，归纳和总结对区域经济差异有所影响的众多因素。与这一方向有关的研究成果主要包括 Williamson（1956）主张一个国家各个区域间经济上的差异会伴随着区域经济的增长而不停缩小，并逐渐呈现"U"形，最后可能会趋同。Baro, Sala – Martin（1991）通过调查一些西欧国家、地区与美国各个州的人均收入，以新的古典增长模型为研究方法，探究区域经济发展水平，得出随着时间推移区域经济的差异最终会显现趋同的发展形态的结论。Dilling – Hanson, Petersen 和 Smth（1994）在对丹麦区域经济的研究中发现，其收敛趋势主要是因为国家产业结构的调整和改变，以期不断缩小教育的差异。Coulombe, Lee（1995）以加拿大 20 世纪 60 年代以来各个省份的人均收入和经济增长程度为研究对象，同样得到了区域经济差异趋于收敛的结论，并将原因归为政府的转移支付和区际贸易。

但是国外也有学者持相反意见，Jackson, AmosJr（1981）等研究美国各区域的人均收入，发现美国各区域之间经济增长上的差异存在，但人均收入水平并没有呈现缩小的趋势，反而不停地扩张。

国外学者对我国区域经济差异也进行了大量研究并取得了相关成果，Friedman E.（1987）以人均国民收入为测度指标，对 1952—1985 年我国区域经济差异进行了研究，研究得出 1952—1970 年间差异较小，1971—1985 年差异逐渐扩大；Tsu（1989）运用人均国民收入指标测度了 1952—1985 年我国区域不平衡问题，认为 1970 年前省际间收入差异变化较小，之后呈扩大趋势；Fujita M. 和 Hu D.（2001）用 GDP 和工业产出数据测度分析了区域经济差异；Anna H.（2014）在全球经济一体化背景下，在比较了我国省域在发展水平、购买力、劳动力成本及外国公司数量等方面差异的基础上，分析了省域经济分异现象。

(2) 我国区域经济差异理论研究综述

我国区域经济差异研究主要在 20 世纪 90 年代以后。对于新中国成立后至改革开放前这段时期，多数研究认为，我国区域发展是以牺牲效率为代价，区域差异稍有缩小。改革开放后，我国区域发展理念、战略和政策发生了很大变化。"七五"开始实施的促进沿海地区优先发展的宏观区域战略，在使我国综合国力大大增强的同时，导致东、中、西地带性差距在80年代后期和90年代初期急剧扩大。城乡间、区域间和社会各阶层间的差异越来越大，引起专家、学者的高度重视和关注，对区域经济差异进行了大量研究，分析了差异的现状、变动趋势、成因，提出了许多缩小差异的对策和措施。

在对区域的划分上，大多数学者的研究是从东、中、西三大地区、省域、省市区等着手研究区域差异。而根据不同研究内容和研究目标，学者们对于区域的划分也有自己的见解。刘再兴（1988）依据全国生产力的总体布局提出了六大一级经济区，而同样把全国划分为六大区的还有陈栋生（1986）。邹家华则提出了七大经济区的划分方式。对于区域经济发展战略的研究也有丰富的成果。最为典型的是区域均衡与非均衡战略，区域均衡发展战略强调以行政命令的手段来促进区域经济差异缩小；而非均衡发展理论则主动认识到在区域内要实现各部门各行业同步发展是无法实现的，并据此提出非均衡情况下的发展策略，包括区域重点发展战略理论，夏禹龙（1982）的梯度发展战略、陆大道（1985）的东部重点论、张培刚（1997）提出的"牛肚子理论"等。还有协调发展理论，魏后凯（1998）提出了非均衡条件下依靠适度倾斜和协调发展相结合的方式实现协调发展。曾坤生（2000）则在现代协同理论下，提出了区域经济动态协调发展战略的观点。

在对区域差异形成原因的探究中，出现了众多不同观点。有学者认为区域差异是由区位条件的差异导致；国家政策说认为，国家对某些区域的政策倾斜导致了区域差异的扩大；从体制角度看，学者们则认为各区域在计划经济向市场经济过渡时，其体制的反应程度不同导致了区域差异的拉大；而更多的学者则持综合观点，认为导致区域差异的因素是多方面的。如夏水样（1994）认为，区域差异是由地理、政治、经济、社会等多方面差异造成的；从历史条件、区位状况、经济结构、人口、政策等方面进行分析普遍都是对各项综合因素加以考虑。而区域差异状况的结论也因学者们的研究内容、方法、选取的指标等的不同而有差异。例如，对省际区域差异的研究中，魏后凯（1997）认为，1978—1990年以来的省际差距是缩小的；周民良（1998）则认为，1980—1994年，我国省际差距是扩大的；在对东、中、西三大地区进行研究时，魏后凯通过计算国民收入相对差距提三大地带区域差异在1952—1965年趋于缩小，而

1965年后逐步扩大，1978年后呈迅速扩大趋势；白雪梅（1998）的研究结果与魏后凯有明显差异，她认为三大地带差异在1978年前呈缩小趋势。

我国学者对于我国的区域差异研究很丰富，这说明我国区域差异的存在是持续性的，研究区域差异有很重要的意义。

2.3.4 旅游业区域差异与农业区域差异

（1）旅游业区域差异

时代的发展趋势是统领性的，对所处于这个时代的方方面面既是指引也是规范。旅游业作为第三产业的代表产业，被称为"无烟工业"和"永远的朝阳产业"，是一个始于人而服务于人的产业，这个产业对于人需求的发展变化是敏感的，是产业的转型与升级的一个重要部分。当下的时代发展属于经济休闲时代，而这一时代的来临也促进了旅游产业改革的推进（谷胜男，2019）。而在经济新常态下，旅游业已经成为调整区域经济结构的重要组成部分（张红，马彦芳，2019）。并且，随着各项旅游政策的出台，对旅游业的经济地位有了新的认识，以旅游业促进经济发展的理念开始盛行（王剑，吴艺璇，2018）。由此看来，加强对旅游业的发展研究、发掘旅游资源的深刻价值、探索旅游业发展的新路径都是非常有必要的。

①旅游业与区域经济。旅游业属于第三产业，经济效益是其追求的基本目标。关于旅游业的发展与区域经济的关系研究，学界已经得出了不少十分宝贵的结果。旅游业对经济的促进作用在大多数情况及一般认知下都得到了肯定的回答。Eugenio-Martin（2004）研究得出，在拉丁美洲地区旅游业的发展对中低等收入国家十分有益；Chi-Ok Oh（2005）采用格兰杰（Granger）因果检验法研究得出，韩国旅游业的发展与区域经济的发展是变化的，区域经济单向对旅游业的发展产生影响。很多学者运用不同的研究方法，选取不同的研究区域，分析了旅游业与区域经济发展的关系，如表2-7所示。

表2-7　　　　　　　旅游业与区域经济发展关系研究举例

作者	例证地	结果阐述
赵宇银、申登明（2019）	云南省	云南省旅游总收入占云南省生产总值的比例达到了42.27%，对云南省的发展起到了重要作用
武亚楠（2019）	海南省	旅游收入在地区生产总值中占比较高，对经济的贡献持续强劲

续表

作者	例证地	结果阐述
齐涛（2018）	安徽省	安徽省旅游业发展与区域经济发展关系主要表现为长期的稳定，短期动态较弱
王伟、刘敏、王萍（2018）	山西省	构建耦合协调度评价模型，运用灰色预测模型分析了2004—2015年旅游业与区域经济发展的关系，结果显示山西省旅游业与区域经济系统发展依然有矛盾，但整体发展趋势良好
阿尔达克·造盘（2018）	新疆	新疆各地区的旅游业发展对区域经济发展有积极影响，这种积极影响程度受区域经济基础限制，新疆各地旅游业与经济的贡献在空间上具有相关性
毛笑文、杨亮（2016）	陕西省	陕西省旅游业发展与经济发展之间主要表现为经济增长对旅游业发展的促进作用，旅游业发展不能对经济进行反哺
江燕玲、张果（2015）	重庆市	重庆旅游业对区域经济贡献较大，旅游业在经济结构中占比较大

由表2-7的部分研究结果看出，旅游业发展与区域经济发展有着重要的联系，但旅游业对区域经济的作用并不总是积极的，这引起了一些学者的关注，对"旅游业发展能促进区域经济发展"这个命题的科学性产生了怀疑，比如提出"资源诅咒""红利漏损"等说法，认为旅游业不能过分夸大旅游业的"溢出效应"。赵磊（2018）、张晨（2018）等人通过实证研究也验证了此观点。

②全域旅游。在2017年召开的全国旅游工作会议上提出了"三步走"战略，这一战略有利于促进我国逐步成为旅游强国，在此之后，"全域旅游"四个字很快成为行业热词。对于全域旅游的概念，刘又堂（2016）在理解国家旅游局的解释上认为，全域旅游是在某一特定行政区内，有机整合各种资源，实现旅游业带动多种产业共同促进经济发展的模式或理念。北京交通大学张辉教授（2016）提出从"域"的角度理解，将旅游目的地作为一个空间系统，在这个系统内建立旅游功能区，强调的不再是以景区为核心而是以旅游目的地为核心。全域旅游倡导的是在产业层面上的无边界，适应了时代变化以及人的需求的模式转变（华丽、沈伟丽、荀琳，2017）。既然全域旅游是一种顺应式的模式转变，其出现无疑是有着重要意义的，对于旅游行业也是重要的节点（曹小娟，2017），全域旅游成为旅游业转型升级的一大战略性发展路线（王少彤，2019）。

全域旅游模式的提出给旅游业的发展指明了新的创新道路，探究怎样使得全域资源旅游化以此推动城市经济整体的发展是重点问题（王少彤、黄君华、徐博、王晓雪、靳小雅，2019）。要有效调动区域资源，实现全域旅游，了解全域旅游的相关特点是关键（刘又堂，2016），图2-6为全域旅游视阈下旅游服务的特点。

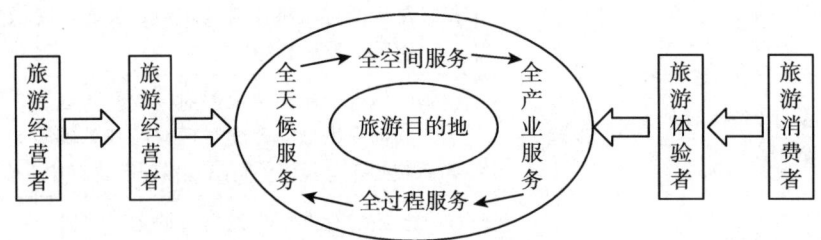

图2-5 全域旅游视阈下旅游服务的特点

王少彤、黄君华、徐博、王晓雪、靳小雅（2019）在对"全域旅游"背景下区域旅游创新模式的研究中提出，全域旅游的发展模式包括：整合区域资源，统筹"全域"旅游；"线上+线下"，打造互通平台；精细化管理，打造高效旅游区。廖鸿（2016）提出了打造全域旅游"三部曲"，即旅游+Everything、旅游+Anything、旅游+Nothing。此外，曹晓娟（2017）也提出，推进旅游服务一体化建设是发展全域旅游的必要条件，通过利用整个区域的资源来优化旅游资源以及通过旅游发展带动区域全行业的发展和融合。可见，发展全域旅游是一个系统的工程，是一个涉及多种资源的过程，也是一个可以带动各个行业发展的旅游模式。

③乡村旅游。乡村旅游最早出现在欧洲，在第二次世界大战以后，乡村旅游才开始慢慢普及。在对乡村旅游的概念认识上，Bramwe和Lane（1994），Pedford（1996）等从旅游活动开展的场所将其界定为在乡村的包括除农场以外的乡村教育、艺术、农村习俗、价值观等；Viljoen和Tlabela（2007），Cawley和Gillmor（2008）认为乡村旅游是在乡村地区开展诸如观光、探险、住宿、餐饮等多项活动。乡村旅游在世界各地都逐渐发展起来。如Barke（2004）研究发现，西班牙借助乡村旅游协会的交流来发展乡村旅游；Briedenhann（2004）发现，南非国家政府文件中明确指出，乡村旅游的收入作为南非的重要经济来源；Fotiadis（2010）探究了南北美洲乡村旅游发展的差异。

我国乡村旅游起步于20世纪80年代，发展于90年代中后期（郭焕成，

2006）。发展乡村旅游一直是政府工作的一个重要部分，特别是在现代化进程中，"三农"问题的突出性和关键地位，发展乡村旅游这一与农业生产活动有机结合、有利于促进新农村发展建设的模式就更加受到重视（宋瑛，2008）。在乡村旅游发展的过程中，随着经济发展水平的不断提高，乡村旅游的需求也更加多样化和个性化，游客对将文化与环境相结合的复合型旅游模式需求日益旺盛（崔善，2011）。而在目前，乡村旅游成了响应"新农村"建设的有力措施，是促进新农村实现创新、特色建设的途径（张海雁，2019）。

在对乡村旅游的探究中，"互联网+"和"新农村"是两个重要板块。近些年我国互联网技术整体发展速度逐步加快，互联网开始融入各个行业的发展领域中。创新与互联网进行结合的新业态也是各行各业的重点。互联网的风同样刮到了乡村旅游中，给乡村旅游的发展带来了新的活力。互联网技术能为当下消费群众提供诸多消费平台，互联网技术具有高效性、经济性、共享性的特征，所以将互联网技术与乡村旅游有效结合，能推动新时期乡村旅游全面发展（王祖良、张素梅，2019）。杨海平（2017）从国家发展、乡村旅游发展以及消费方式变化的要求三个方面论证了乡村旅游与互联网融合的重要性与现实意义。但是事物的融合需要一定的时间以及现实基础，在乡村旅游业与互联网融合的过程中也出现过"水土不服"的现象。比如"互联网+"在实施过程中不能与传统产业深度融合（唐青霞，2017）。景区宣传不力、产品形式单一（刘振华，2016；杨海平，2017）也是十分突出的问题。在发展过程中，有些问题是共性的，有些问题具有特殊性，各个区域需要根据自身的实际情况寻求有效解决问题的办法。新农村的"新"体现出当下农村地区的新状态，脏、乱、差的面貌已经有所改善，在新农村的建设过程中，因地制宜发展特色旅游既是脱贫致富的重要路径，也是打造地方特色品牌的重要方式（张海雁，2019）。而乡村旅游是经济转型升级的一个重要板块，探讨乡村旅游的发展现状以及不足之处，提出科学发展路径是推进乡村旅游发展的重要步骤（孟凡钊，2019）。基于乡村旅游的重要地位可知乡村旅游的发展一定是长线的，乡村旅游对于新农村发展的促进作用应当是被长期定义的（周勋林，2019）。

（2）农业区域差异

农业使自然与经济的再生产实现了统一。农业的发展不仅受自然条件的直接影响，也受到社会政治、经济等多方面的综合影响，因此农业发展在区域上的差异尤为明显（刘彦随、张紫雯、王介勇，2018）。杨鑫、穆月英（2017）

也提出，我国农业发展的区域差异形成的重要因素有自然和经济两方面，但更为关键的是各区域经济发展的过程不同。因而农业发展的区域差异一直是学界研究的热点和重点。采用聚类分析法、灰色系统评估法和层次分析法，对我国农业主产区的发展水平进行测算和评价，结论显示不同区域的农业发展水平不尽相同并且实现可持续发展才是最终发展目标（刘养卉、龚大鑫、窦学诚，2010；杨霞，2011）。政策因素是导致农业发展存在区域差异的重要原因，张隽逸（2019）参考农业评估的 11 个指标将我国 31 个省份分为了 4 个发展阶段：现代农业阶段区域、农业工业化高级期区域、农业工业化中期区域、传统农业转型区域，研究发现属于同一发展阶段的省份在进行农业政策选择时的大体方向类似，但出于各地所具备的农业发展因子不同，在具体政策选择时要根据实际情况进行。杨鑫、穆月英（2017）以农业发展阶段和农业发展驱动类型为分类标准将农业分为了 11 个发展区，并强调各个区域在发展农业时要考虑当地现实条件和技术条件等。随着研究的不断深入和对问题细分，有了更多的研究结果。周迪、程慧萍（2015）从空间角度对农业发展的质量差异进行了研究，结果显示，各省的农业发展质量及发展均衡性都存在较大的差异，其中东北、西北和东南沿海地区的农业经济增长质量较好，而中南部省份的农业经济增长质量水平相对较差。王宝义、张卫国（2018）采用 1996—2015 年 31 个省份的面板数据探究了我国各省农业生态效率的差异。姚成胜等（2019）利用泰尔指数从省域上对我国农业进行了探究。泰尔指数将区域差异分解为组间差异和组内差异两部分，文章利用泰尔指数将农业经济发展水平分解为东、中、西三大区域内及区域间的差异，计算公式为：

$$T = T_{WR} + T_{BR} = \sum_{p=1}^{n} \left[\left(\frac{1}{n}\right) \times \left(\frac{T_p}{U}\right) \times \ln\left(\frac{T_p}{U}\right) \right] \qquad (2-21)$$

式（2-21）中：T 为泰尔指数，值越大表明农业经济发展差异越大，反之则越小，其取值范围为 $T \in [0, \ln n]$；T_{ER} 为三大区域的区域内差异，T_{BR} 为三大区域的区域间差异；n 为所有省份个数；T_p 为 P 省的农业经济发展指数；U 为全国平均农业经济发展指数。T_{WR} 计算方式与 T 相同，T_{BR} 的计算公式为：

$$T_{BR} = \sum_{i=1}^{m} \left[\frac{n_1}{n} \times \frac{T_i}{U} \times \ln \frac{T_i}{U} \right] \qquad (2-22)$$

式（2-22）中：n 为所有省份个数，m 为研究区域个数；n_i 为区域 i 中省份的数量；T_i 为区域 i 的平均农业经济发展指数；U 为全国平均农业经济发展指数。

综上可以看出，我国农业发展水平区域差异是客观存在的，原因是多方面的，表现形式也是多角度的。

第 3 章 旅游业与农业耦合机制研究

在决定是否进行产业耦合和如何选取产业进行耦合时，主要考虑以下两个方面：一是产业结构演化和产业区位研究；二是区域经济发展趋势。从产业经济学的角度看，生态旅游业和生态农业存在协同演化关系。根据对已有学术资料和相关文献的梳理，通过"以农哺旅"可以解决旅游业发展中的一些制约因素，如旅游资源可持续利用问题、旅游季节性等；而"以游助农"则能解决社会主义新农村发展进程中遇到的一些障碍，达到促进农业产业化发展，提高农民收入水平，提高农民素质等积极效应。因此，旅游业和农业作为对经济社会发展和对外开放具有先导作用和强关联带动作用的产业，合理利用旅游业与农业的耦合产业系统来实现规模经济和可持续发展经济，可以对中国广大农村地区整体经济发展带来强大拉力。

3.1 耦合产业发展影响因素研究

3.1.1 资源约束对产业发展的影响

旅游业与农业耦合发展过程中，资源约束主要集中在关于资源获取、资源质量、技术创新和劳动力积累对产业的影响等方面。改革开放以来，市场经济的发展推动中国经济发展驶向快车道，进而推动城镇化水平节节攀升。通过产业发展拉动城镇化的模式严重透支了环境、人口和土地红利，给乡村地区的健康发展带来了巨大威胁。其中，乡村地区原真性丧失及大量青壮年劳动力流失与快速的粗放城镇化发展的矛盾相当尖锐，这也对旅游业与农业耦合产业系统构建造成了较大阻碍。一方面，城镇化进程的推进和新农村建设的发展使乡村面貌焕然一新，新的生活方式和开放的思想也日益冲击着农村居民的传统观念。由于当地居民缺乏专业保护意识，许多富含特色的古老民居建筑在新农村建设中走向了消亡，给传统乡村文化景观带来了巨大的破坏。加之近年来乡村旅游的风靡使大量游客涌入传统古村落，旅游消费需求与当地环境承载力之间的巨大差距。造成了游客旅游体验差、满意度低的问题，并在一定程度上破坏了原本的村落形象。过度或无规律的开发导致农村风貌失去了传统的历史感。另一方面，大量青壮年人口外出务工不仅导致农村地区劳动力流失，还造成可培养型人才短缺。中国农村地区受教育程度不足导致农民在文化水平以及农业科技知识方面比较贫乏，绝大多数农民主要依靠传统务农经验和原始生产方式进行生产，其能力和实力不能很好地满足现代农业的要求。农业从业人员科技知识匮乏，导致较多科研成果无法应用于实际，技术成果转化率低。就旅游业与农业耦合发展层面而言，乡村旅游的发展也需要接受能力强、学习能力强的中青年阶层作为储备人才的中坚力量。适龄人口的短缺极大程度上制约了耦合进程。

不合理的开发规划导致部分乡村地区文化遗产以被动态度参与到旅游业耦合，乡村劳动力流失也让农旅耦合显露疲态。总而言之，农业受到水土资源、矿产资源、环境容量、地质结构等"先天性"因素的制约，而旅游行业主要受产业发展结构、社会保障、基础设施等"后天性"因素的影响更大，但当二者处于同一耦合产业系统中时，资源约束的影响程度会更为深远。

3.1.2 环境约束对产业发展的影响

目前中国农村地区面临的环境危机越来越严重，耕地土壤肥力下降，土壤酸化、耕作层变浅等问题日渐凸显。农田灌溉水利用效率较低，导致部分地区地下水超采严重。水土资源约束也日益紧张，水土资源管理体制机制尚未建立，山水、森林、土壤、湖泊等自然资源得不到统一的保护和治理。政府和企业作为环境治理主体，面临着经济利益与环境治理的矛盾，往往存在片面追求经济发展，忽略环境污染带来的后果问题。再者，农村地区环境治理能力弱，基础设施条件差，许多地区缺乏环境治理设施，如标准垃圾池、废水净化厂等，导致大量的生活垃圾和废水无法得到及时净化，严重危害农村生产生活环境。农村地区农药化肥的不合理使用、农作物废弃秸秆处理不当、农用地膜污染、农村畜禽养殖业对环境的破坏等非理性农业生产带来的污染问题严重。

此外，部分乡镇企业环保意识不足造成的污染以及城市污染转移都让农村地区生态环境面临严峻挑战。一些逐渐被大城市所淘汰的高污染企业纷纷开始转向环保意识较薄弱的农村地区，如果农村地区不及时加以遏制和采取措施，将会成为环境污染的重灾区。造成农村生态环境恶化的直接原因为农村人口多、人口素质偏低、相关主体的环保意识不强和农村粗放的经营发展方式等。而其根本原因表现为农村环保机构不健全，环境监管组织不合理、农村环境保护的法律体系不健全、农村环境保护投入的资金严重不足、农村环境保护基础设施缺乏和农村环保科技支撑能力相对薄弱。这些原因都直接或间接影响着农业的可持续发展，阻碍着社会主义新农村建设，很大程度上也制约着旅游业与农业耦合产业构建。

3.2 耦合产业系统中资源最优利用

具备可持续发展特征的生态农业和生态旅游业是对当前我国传统农业和旅游业的升级转变。生态农业主要是通过农业机械化、土地规模化、技术创新和技术集约化的途径来提升农业生产力水平、农产品的原生态水平和农民的收入水平。而生态旅游业提倡摒弃传统旅游业无序无节制地消耗资源，提倡在旅游承载力约束下进行旅游开发，从而提升旅游产品的品位性、环保性和经济效益。对两个产业的协同演化机制研究需要进行连续性的、系统的动态分析从而达到旅游业与农业的耦合协调，即系统之间能够通过良性互动而形成相互依赖、相辅相成的动态关系。旅游业和农业是两大关联性很强的系统，两者彼此作用又相互制约、相互影响，探讨二者耦合协调的过程，主要是分析旅游产业与农业的耦合机制，其主要表现为两个方面：旅游产对农业的促进和抑制作用，农业对旅游业的承载和约束作用。旅游业与农业耦合产业的系统机制如图 3 – 1 所示。

在开放系统中，不同产业间的关系基本上分为竞争、互补与不相关三种。旅游业与农业耦合产业由自然资源子系统，人口子系统，市场子系统，环境子系统（主要包括污染物的监测、计算、分析、预测与控制），政府监管和制度子系统等诸多子系统构成。

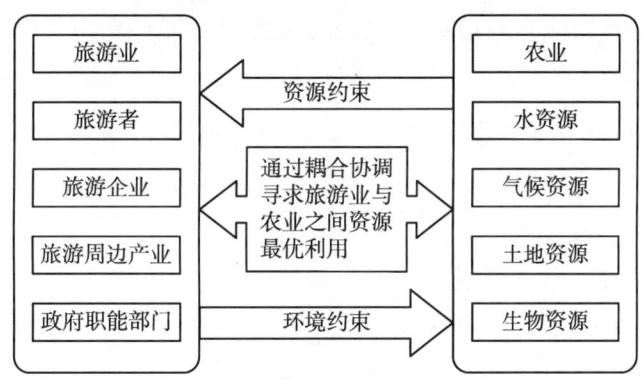

图 3-1 旅游业与农业耦合产业的系统机制

在考虑资源约束与环境约束的背景下，生态农业与生态旅游业产业系统的耦合升级，要求改变传统的单一的农业耕作模式，并耦合具有产业相关性的生态旅游业，对于提升农村地区经济实力，缓解农村剩余劳动力就业压力，改善生态环境，促进不发达地区的跨越式发展具有积极意义。此外，在土地利用设计时必须考虑对竞争性资源进行分配和规划。其中，不同的土地利用优化方案，产出收益不同。对于缺乏足够、有效、稳定的市场农产品参考价格，可以通过产出收益影子化的最优化模型对产业项目的规模、组合变更行为进行评估，从而有效地规避经济产出的价值测算问题。在这之中，合理确定生态农业与生态旅游业之间的竞争关系，是准确刻画耦合产业系统对经济、社会、环境影响的关键要素。

3.3 旅游业与农业耦合动力机制

农业与旅游业耦合协调发展是农业转型升级和供给侧改革的重要途径，其可持续发展能有效加强农业结构调整升级，促进农业现代化发展，助力乡村振兴。因此，通过构建旅游业与农业耦合动力机制，有利于促进产业间深度融合互动，能够更具针对性地提出加强政府引导和线上线下融合发展等对策建议。现代乡村旅游是市场经济的产物，需求和供给是推动乡村旅游发展的基本动力。乡村旅游的游客主体是城市居民，城市居民在回归自然的心理需求的驱动下，产生了乡村旅游需求意愿，从而形成了乡村旅游市场需求。在乡村旅游市场需求的推动下，乡村地区开发旅游资源，向旅游市场提供旅游产品，并从中获得经济利益，增加收入，扩大就业，实现乡村经济产业结构的优化和调整。乡村旅游需求和供给的相互作用推动了整个乡村旅游系统的运动和发展。

在现代旅游业发展中，城市因为是区域的中心和物资集散地，与周围区域和其他城市有着非常密切的经济、政治和文化联系，并发生着频繁的人员往来，这就使城市在发展旅游方面具有天然优势。与城市不同，农村散布在广大的区域范围，虽然随着经济的发展，农村与城市和其他地区的经济文化联系不断加强，人员往来增多，但这种人员往来大多是单向的，即农村人口到城市接受教育和培训，打工或从事商贸活动和购物，而反向流动的人口很少；从这一点来说，农村发展旅游具有许多不利方面。因此，构建旅游业与农业耦合动力机制，用动力机制为二者耦合注入活力，有利于克服阻碍，更好地推进耦合进程。

综合国内外学者关于旅游业与农业耦合动力研究，主要存在两种观点：一种认为是技术因素，如波特认为技术创新导致传统产业的边界渐渐开始消退、合并，因此，技术的发展是导致产业融合的关键力量。另一种认为产业融合是众多经济要素相互作用的结果，与技术要素没有必然的关联。本书将从旅游业与农业耦合过程中的内在拉动力、外部驱动力、支持力、辅助力四大动力机制进行相关研究。

3.3.1　内在拉动力

旅游产业的革新以市场需求为导向，旅游业与农业耦合发展的内在拉动力即为消费者对于该市场的需求。随着人们生活品质的提高，旅游者越来越青睐兼具生态、健康、绿色、文化性强的多元化新型旅游形式，农业旅游的营业收入正以令人惊讶的速度向上增长，休闲农业和乡村旅游等农业旅游形式越来越受到中国居民的欢迎。休闲农业和乡村旅游具有独特的优势，能够适应城市居民对短距离休闲度假日益增长的需求，显示出超越一般旅游业的活力。

现代旅游活动本质上是一种文化活动。经过数千年的传承，中华文明以农业为载体，积累了丰富的文化资源。就农旅耦合角度而言，从乡村建筑到村落规则，这些具有浓郁地方色彩的旅游资源所涵盖的文化特征对于城市旅游者而言存在着巨大吸引力，文化异质性所带来的旅游消费需求为旅游业与农业的耦合发展提供了强有力的支持。

3.3.2 外部驱动力

外部驱动力主要来源于相关利益主体对利益的追求。效益最大化是个人和企业发展过程中追求的共同目标,农业生产者和旅游企业对利益的追求是促进农旅产业融合发展不可或缺的驱动力。对农业生产者来说,农业旅游的发展可以从农产品外包或流转、经营农家乐、提供景区务工机会等方面增加创收途径;同时发展农业旅游必然会改进当地居民的居住环境和生活条件。对旅游企业来说,在竞争激烈的大环境下开拓一种新型生态旅游形式,可以丰富旅游产品体系,吸引更多的消费者,使其成为旅游企业新的利润增长点。目前,中国农业旅游发展依托城市、景区、产业、历史文化、民俗、创意、科技等方面构建出多样化发展模式,吸引了各参与主体的积极融入。从劳动力、资金等多个方面为旅游业与农业耦合注入了动力。

政府不断增加鼓励支持人才下乡的相关政策措施,也为农村地区的人才吸引力上升起到推动作用。整体来看,随着中国素质教育及九年义务教育的不断普及,加之城乡间互动频率提高,农村居民技能与素养的提升途径不断增加,这为农村产业融合提供了极其重要的人才保障。农业旅游的短暂发展已带领一批最早参与旅游业与农业融合发展的改革先行者提前迈入小康社会。而在农村地区传统熟人社会背景下,先行者的成功案例所具有的极佳宣传效果将带动更多农民加入农旅耦合发展的尝试中。早期成功的农业旅游探索将会在农民主观致富意愿的支持下进入一个新的良性循环。此外,从中国旅游业和农业耦合的发展过程来看,各方的相关投资呈现出逐步增长的趋势。随着农业旅游耦合产业投入的增加,农业旅游投资的主体也逐渐向多元化发展。一方面,政府继续加大对农业旅游的支持力度,中央对农业旅游的预算投入持续增加;另一方面,政府积极鼓励和推动民营资本进入农业旅游耦合产业,并推动农业旅游投融资政策和民营资本合作模式实施。当前中国农业旅游投资,响应政策的利好趋势,顺应市场的现实需求,在农旅耦合产业全面展开,各参与主体对自身利益及公众利益的追求为旅游业与农业耦合提供了充分的外部驱动力。

3.3.3 支撑力

旅游业和农业的耦合发展,必然离不开政策的支持。耦合过程要求政府改变行业管制形式,并提供政策支持和规划引导。农业旅游的发展不仅能助力解决当地"三农"问题,还能拉动当地农业与旅游产业的共同发展,推动当地农业供给侧改革与转型升级。因而各地政府需逐渐加强对旅游产业与当地农业融合发展的关注,并且在规划、资金、人才等方面给予大力支持,从而促进农旅产业耦合。

改革开放以来,中国旅游业迅速发展,目前已成长为全球旅游市场的瞩目新星。"十三五"旅游发展规划提出要坚定不移地树立和积极落实五大发展理念。以改造升级,提质提效为主题,努力推动全域旅游发展。把旅游业看作当下中国经济发展转型升级过程中的重要推动力及国家综合实力的重要载体。这些政策及制度的实施为中国旅游业的发展营造了良好的氛围。此外,文化和旅游部还与国家发改委等部门联合颁布多项文件,同时积极协调财政部,国开行等部门加大对农业旅游的支持力度,提供旅游公共服务设施、财政、金融、政策和土地使用、乡村旅游示范项目交通基础设施等多方位的支持。此外,各级地方政府积极响应国家号召,多方位引导和支持有条件的乡村地区大力发展旅游业,从而促进乡村旅游的发展。同时各级地方政府也因地制宜颁布相关政策推进地区农业旅游发展。从上至下的政策支撑为旅游业与农业耦合的动力机制构建提供强劲支撑。

3.3.4 辅助力

旅游业与农业耦合动力机制也离不开信息技术的创新与普及所提供的辅助力的支撑。互联网时代的产业融合离不开信息技术的创新与普及。大数据、云计算等信息技术的发展加快打破了旅游业与农业之间的界限,促进了旅游业资源与农业资源更好地整合,实现了线上线下融合发展。除此之外,技术的创新催生了一系列新型信息传播方式和新媒体营销模式,这在农业旅游的市场推广、营销宣传等方面都会产生积极效应。技术创新引发的产业间技术融合,为产业耦合发展奠定了基础。互联网信息技术、基础设施工程技术、现代生物技术等产业的技术创新及渗透扩散,无不对旅游业和农业的发展产生推动力。提高科技渗透农业的水平,可以为"三农"产业发展和新兴产业的发展提供必要的支撑。农业科技的支持和推广更多的是充分利用现有的成熟技术和继承的创新技术与农业相结合,有效促进农业内各行业之间的有效衔接,发展循环农业;丰富农产品加工领域，促进农业产业链向外延伸。同时，大数据时代下，数据的多元化处理及运用为旅游业和农业的耦合发展提供了便捷的信息，数字景区的建设积极推动了信息技术在旅游经营管理和消费服务环节的运用，极大地便利了游客的出行。同时，全国城市轨道线网总规模增长迅速，"三纵五横"的现代大型交通运输网络已初具规模，城乡间的交通通达度获得了显著地提升。而这些技术的进步带来的红利都为农旅耦合发展提供了新的机遇。

此外，国家鼓励支持培养专业化的农业旅游专家队伍，加快现有农业旅游业管理体制及人才培养体制的改革进程，提高对高等院校相关学科和相关科研机构的支持。同时加强农业旅游科技创新体系建设，鼓励高校开设跨学科、跨专业课程，打破学科专业界限，培养一批优质高效的复合型领先人才及团队。同时，在全国范围内重点扶持一定数量的农业旅游规划设计机构及科技创新机构，鼓励高等院校和科研机构组建农业旅游科技创新队伍，奖励科研成果投入生产，为农业旅游的可持续发展提供科技创新支持。通过创新人才培养方式，拓宽人才培养渠道，营造良好的人才成长环境，将有力推进农业与第二、第三产业的有机结合，从而实现农业旅游的进一步发展。这些都为旅游业与农业耦合提供技术层面的辅助支撑。旅游业与农业耦合动力机制如图3-2所示。

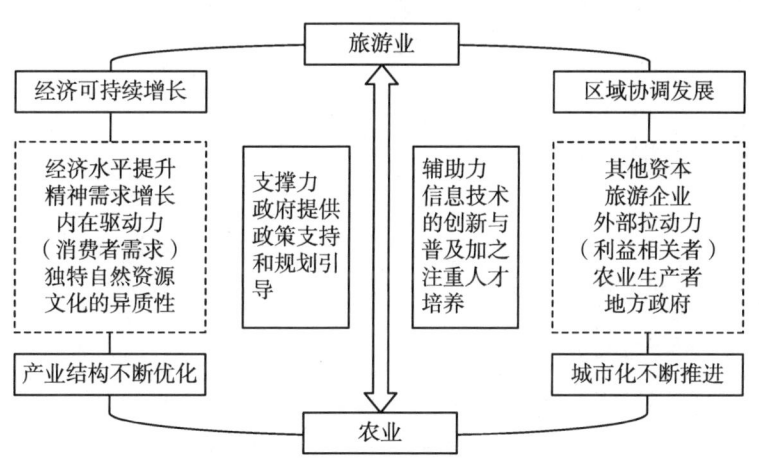

图3-2　旅游业与农业耦合动力机制

第 4 章 我国旅游业与农业耦合发展现状分析

上一章通过对我国旅游业与农业产业的影响因素研究，分析了其系统机制及动力机制，但并未结合我国区域特征及耦合进程中的发展现状。本章通过对区域内的发展现状及问题分析，结合宏观环境分析（PEST 分析）方法定性研究我国旅游业与农业耦合的区域差异。

4.1 我国东中西部旅游业与农业耦合发展 PEST 分析

4.1.1 政治环境分析

我国政府的引导作用和政策的支持作用为旅游业与农业的耦合发展提供了良好的制度环境和重要的外部支持，集中在旅游业、农业部门的外部环境、财政、税收等方面，针对在农业基础设施、促进科技创新、旅游基础设施建设和喜好而言，控制对旅游业和农业是准备和发展方向引导。休闲农业已经成为一项国家战略，2016 年中央一号文件明确呼吁大力推广农业和农村旅游，将其作为富农的生力军。为实现国家战略目标，发改委、财政部等 14 个部门在 2019 年印发的《关于大力发展休闲农业的指导意见》中指出，到 2020 年休闲农业产业规模将增长显著，预计达到 33 亿的接待人次，收入突破 7000 亿元，并提出了有关于农业旅游多种多面的重点任务和政策。休闲旅游发展即将进入蓬勃发展阶段，为农业的全面发展提供新的支持。

1. 政府引导作用

（1）建立起有利于农旅耦合发展的投资环境

习近平总书记曾提到，旅游业是一个综合性产业，是经济发展的重要推动因素。农旅产业的耦合发展来自各种渠道的资金支持，且需求较大。农业旅游涉及第一、第二、第三产业的整合，承载乡村旅游的生产项目和服务项目都需要较多的资金投入。在快速发展的旅游市场推动下，中国旅游投资呈现逐年增长的趋势，大大小小的资本涌入旅游业，乡村旅游逐渐成为旅游投资的热点。

随着农业旅游耦合产业投入的增加，农业旅游业的投资呈现多元化的发展。习近平总书记曾在参加四川代表团审议时提出，我国农业农村发展已步入新的历史阶段，农业的主要矛盾由原先的总量不足转变为结构性矛盾、供给侧矛盾，因此必须深入推进农业供给侧结构性改革，加快培育农业农村发展新动能，开创农业现代化建设新局面。在目前国内旅游业发展国情下，政府不断加大对农业旅游的支持力度，中央对农业旅游的预算投入持续增加；另外，政府积极鼓励和推动民营资本进入农业旅游耦合产业，并推动农业旅游投融资政策和民营资本合作模式（PPP模式）的实施。截至2019年初，中国农业旅游投资响应政策的利好趋势，顺应市场的现实需求，在农旅耦合产业全面展开。

（2）在市场和法律环境中建立有序的秩序

我国的《旅游法》颁布于2013年4月25日，自2013年10月1日起，它开始正式施行官方行动，在监管市场和行为方面取得了重大成果。因此，旅游业和其他产业之间的耦合发展不仅得到了法律的保障，也得到了政府的引导。法律与市场相结合，为旅游业提供了一个有序的市场秩序，旅游业发展从根本上得到了保障。旅游业和其他产业之间的耦合将会得到极大的提升，井井有条的市场和完善公平的法律将为产业耦合的健康发展保驾护航。

2. 政策支持作用

（1）产业保障政策全面

旅游业能否与农业耦合发展，关键在于政府为二者提供的保障政策是否完善。2019年初，国家政策号召各地政府将农旅耦合政策作为两大产业发展纲领性文件。这一政策的颁布，彰显了国家对农业和旅游业产业融合态势的关注，国家的重视，为二者的有机结合打下了基石。2016年9月，农业部同发改委、财政部、旅游局等14个部门联合印发的《大力发展休闲农业的指导意见》中明确提出，到2020年，布局完善、类型丰富、功能优化、具有明显特色的休闲农业产业格局基本形成；经济社会效益提高，从事休闲农业的农民收入大幅增长；休闲农业将成为振兴农业、繁荣农村、富裕农民的新兴支柱产业。

截至 2019 年初，我国所发布的《国务院关于促进乡村产业振兴的意见》和召开的乡村产业振兴推进会，明确将建设一批现代化农业产业园，作为一个平台载体去推动区域产业融合发展、振兴农村经济、引领高质量的农业发展、促进城乡一体化。所以国家层面对这项工作是有专门布局的，在县一级层面以国家现代农业产业园、省级现代农业产业园和市县级现代农业产业园为重点，推动产业振兴、产村融合、园村一体。在乡镇一级就是抓农业产业强镇，在村一级就是抓一村一品，通过发挥不同层级的作用，形成体系，推动乡村产业发展和乡村振兴。

(2) 产业导向政策明确

政府的政策为旅游业和农业耦合发展提供了明确的发展方向。必须以环境保护为基础，促进两大产业结合发展，从而使农旅耦合产业得到进一步提升，最终使当地居民收入增高，脱贫致富，当地政府经济增长。为避免传统产业发展的弊端，以破坏生态环境来换取发展效率，农旅产业发展必须以坚定且正确的方向为引导。首先，需要坚持产业园"姓农、务农、为农、兴农"的宗旨，始终以农为本，以高质量建设为重。在园区内通过主导产业全产业链建设，强化科技支持，提高科技含量，突出优质安全特色的农产品生产，促进产村融合、园村一体，打造一批园村一体，城乡结合的现代化产业。其次，要创新联农带农机制。从产业园创建之初就要探索这样的机制，要通过入园企业与农户建立多种合作方式，推广"订单收购+分红""农民入股+保底收益+按股分红"等模式，让第二、第三产业的产出收益能更多地被当地农民所享用。最后，要找到"样板村"。中国地域很大，农业农村方方面面的情况很多，需要通过这样的产业园建设来进行不断地摸索，探索一些好的经验做法，提炼可参考可推广的建设模式，通过媒体大力推广宣传，发挥样板优势，吸引其他不发达区域前来学习借鉴。通过国、省、县级产业园的体系建设，来推动乡村产业振兴，推动城乡融合发展，把乡村振兴这项工作在产业方面做实、做出成效。

(3) 产业优惠政策

各级政府应当扶持以生态农业和旅游业耦合的企业，对企业进行生态补贴或者相关税费减免的政策。中央文件和地方文件中多次提到产业融合发展，国家对农业与旅游业发展的深度和广度都提出了新的要求，政策导向不再局限于一个产业范围而是要打破产业界限，在保护生态环境的前提下不断探索产业发展新业态,并且要发挥好政府及相关政策在产业耦合发展过程中的作用。

4.1.2　经济环境分析

(1) 经济发展推动产业结构调整

我国作为一个强大的经济体,为这两大产业的耦合提供了坚实的经济条件。经济发展推动产业结构调整主要体现在以下几个方面:第一,经济的发展可以有效地推动要素之间的流转,能够有效地推动生态农业和旅游业之间资源的互换,保证资源的合理利用。第二,经济的发展带动和促进传统农业与旅游产业的发展,促使传统农业和旅游业产业的升级,提高两个产业的生产效率。第三,进行侧供给改革推动两大产业的耦合,提高耦合产业的竞争力。

(2) 经济发展推动国内旅游消费需求,进而带动旅游业的发展

截至 2019 年初,我国旅游消费需求在居民消费支出中所占的比重越来越大,居民消费受到居民收入的制约。随着人民生活物质需求的提高,旅游消费需求也在不断提高。人们开始追求更多的精神享受。正是因为消费方式转变为两大产业耦合提供了契机。

(3) 经济发展创造更多的就业机会

截至 2019 年初,我国经济总量面临经济转型升级的重大压力以及就业难等问题,根据国家旅游局公布的数据显示,截至 2019 年初,我国旅游产业在创造就业岗位方面将发挥巨大潜力,旅游产业生产总值每增加 1%,就可以提供数万工作岗位,可见,旅游业在缓解就业压力上有巨大的潜力,我国巨大的经济总量为产业耦合提供了强大的支持,而两个产业的耦合又创造了更多的经济岗位,带来了巨大的社会效益,有效缓解了社会危机。

4.1.3　社会环境分析

生态旅游给旅游者提供了完美的视觉体验和各具特色的民俗体验,旅游者也变为生态旅游文化的传播媒介之一,发达的互联网,为旅游者提供了便捷的交流通道,有助于提升各生态旅游景区的口碑。因此自然环境、社会环境、文化资源三者对游客产生的积极影响能使农旅耦合产业的发展更为顺利。良好的环境和经典的文化能丰富生态旅游的内容和形式,为耦合产业打造更为宽广的框架。旅游业与

农业相结合发展不仅带来的经济增长,又能减少对自然资源的消耗,在为当地人民带来"金山银山"的同时,为子孙保留下"绿水青山"。旅游者之间的口碑也能为生态旅游招徕更多的游客,区域特色文化的吸引力能够为旅游目的地提供良好的客源,而经历一次次旅客的提炼,当地文化不断取长补短,取其精华,去其糟粕,成为当地的金字招牌。因此农旅耦合产业受社会环境和文化环境的影响因素主要体现在:

(1) 开发具有当地特色的文化产业

中国拥有 926 万平方公里的土地,56 个民族聚居其上。各民族文化的多样性为农业和旅游业耦合发展提供了丰富的可能性。旅游业的发展能给文化输出带来极大的便利。文化交流的同时,也能将当地的特色产物带出去,为当地的人民创造经济收益。

(2) 促进不同文化交流与融合

旅游目的地的文化是当地的名片,每一个地区都有着自己的优秀文化。这种文化的多元性,为旅游业和农业的茁壮发展提供了良好的土壤。现代游客的旅游目的多是为了感受不同文化所带来的差异与新鲜感,而这正是农旅耦合产业所能提供的,农业和旅游业的结合,不仅为当地的文化提供了传播途径,同时也能将外界的优良文化吸收进来,经过游客的反馈与交流,去粗存精,将传统文化的精华提炼出来。除此之外,农旅耦合产业将许多接近衰亡的民族特色文化带到了世人眼前。更多的关注度,能为其带来更大的经济效益,给他们注入了新的生命力。于国于民都有着积极影响。

(3) 休闲时间的增多增强了人们外出旅游的欲望

社会经济高速发展,伴随着人们对物质需求与精神需求的双重追求这样的变化,我国的旅游产业面临的不只是机遇,也是挑战。随着居民收入的不断提高,人们消费水平的转变增加了人们外出旅游的欲望,正是这种旅游消费欲望的增加为旅游产业的发展带来了机遇,通过二者的耦合发展拓展了旅游产业的范围,成为二者耦合发展的重要动力因素之一。由此可见,社会文化环境对生态旅游的影响往往很大。

4.1.4 科技环境分析

(1) 科技的发展为推动二者耦合提供重要支撑

随着科学技术的进步,生态农业与生态旅游的内在要素可以更快地结合和完善，生态农业与生态旅游的内在体系不断升级，从而加速了二者的耦合过程。具体来说，一方面，通过生态农业的技术创新，融入生态旅游，从而提高生态旅游的技术含量；另一方面，通过技术创新和融入生态农业，生态旅游可以创造新的旅游形式和旅游内容。通过生态农业和生态旅游的强势渗透，为二者的耦合发展注入了强大的生命力。

（2）科技的进步与创新为二者的耦合发展搭建平台

科技的进步与创新使得二者耦合的范围和深入程度增加，可以为旅游者创造出丰富的内容、多种形式的旅游产品，增强游客的体验度和参与度，从而形成新的旅游形式来吸引更多的游客，是二者健康可持续发展的重要技术支撑。

（3）科技的进步与创新有利于促进二者的可持续发展

只有坚持走可持续发展道路，才能把二者有机地结合起来。要实现农业与旅游业二者耦合的可持续发展，必须充分发挥科技在产业耦合发展中的作用。另外，要将先进的科技元素融入产业耦合发展的过程中，实现科技与农业、旅游的深度融合，提高产业耦合的效率，进一步促进二者的可持续发展。科学技术作为推动生产力进步的第一要素，将在二者的耦合发展过程中发挥越来越重要的作用。以南阳市西峡县为例，这是一个典型的科技生态旅游城市。该县恐龙遗址公园是一座现代与原始技术紧密结合的大型恐龙主题公园，生动的恐龙给游客们带来了很好的视觉体验。

综上所述，旅游业与农业的耦合发展受到产业关联性、市场需求多样性等内生因素及政策、经济、社会、文化环境、科技等外生因素的影响。

4.2 我国东中西部地区旅游业与农业耦合发展的现状分析

4.2.1 我国东部地区旅游业与农业耦合发展的现状分析

1. 我国东部地区旅游业与农业耦合发展取得的进展

中国东部地区包括冀、京、津、鲁、赣、沪、浙、闽、粤、琼、台、港、澳，这些都是中国社会主义经济最发达的区域。

自然条件方面,我国东部主要是平原及丘陵地势,适合发展农业与种植业,有利于农业生产;且东部地区河流、湖泊星罗棋布,水利系统十分发达,为农业发展提供了充足的灌溉用水。在气候条件上,东部地区具有低纬度、长日照、降水充沛、热量充足、水热条件协调等特点,极大地提高了农业产量。社会因素方面,我国东部水、陆、海、空各方面十分发达,有利于农产品的运输。作为中国改革开放的先行者,20世纪80年代深圳经济特区的开放带动了珠江三角洲地区的改革与发展。90年代,浦东新区的开发开放带动了长江三角洲和长江流域的改革发展。珠江三角洲和长江三角洲已迅速成为中国经济最具活力的"两极"。东部地区率先发展,始终走在发展、转型、改革的前列。发挥了引领作用,为全面深化改革开辟了道路。它也极大地促进了东、中、西部的互动和国民经济的协调发展。

(1) 东部地区农业旅游耦合发展水平较高

在我国东部地区居住人口众多,城市密集,特别是长江中下游地区、黄河中下游地区、珠江、西江流域下游地区平原面积广阔,农业网络密集,有大片的河流广布,为我国人口主要分布区,在发展农业和农业旅游上具有独特的优势。沿着城市密集带,沿海休闲农业得到积极发展,沿线的集聚区相互连接,形成了由东向西的休闲农业发展格局。

为全面贯彻落实党的十八大精神和党的十八届三中、四中全会精神,2014年,农业部、国家旅游局继续开展全国休闲农业和乡村旅游示范县和示范点创建工作。通过基层单位申报、地方主管部门审查、专家评审、网上宣传等方式,北京通州区第五季富民生态农业园等100个景点被确定为国家休闲农业和乡村旅游示范区,其中东部地区有35个。

东部地区一直是我国经济最为发达的地区之一。单就GDP总量来看,广东、江苏、山东三省继续位列前三甲,其中广东2018年国内生产总值(GDP)总量接近10万亿元大关。全国四大经济区域中,东部地区2018年实现GDP约48亿元,占全国的53%。通过搜集2010—2017年广东省的旅游总收入得知,东部地区旅游发展水平旅游总收入保持较高水平,如图4-1所示。

在旅游业快速发展的背景下,农业旅游的营业收入正以令人惊讶的速度向上增长,休闲农业和乡村旅游等农业旅游形式越来越受到中国居民的欢迎。而东部地区休闲农业和乡村旅游具有独特的优势,能够适应城市居民对短距离休闲度假日益增长的需求,显示出超越一般旅游业的活力。

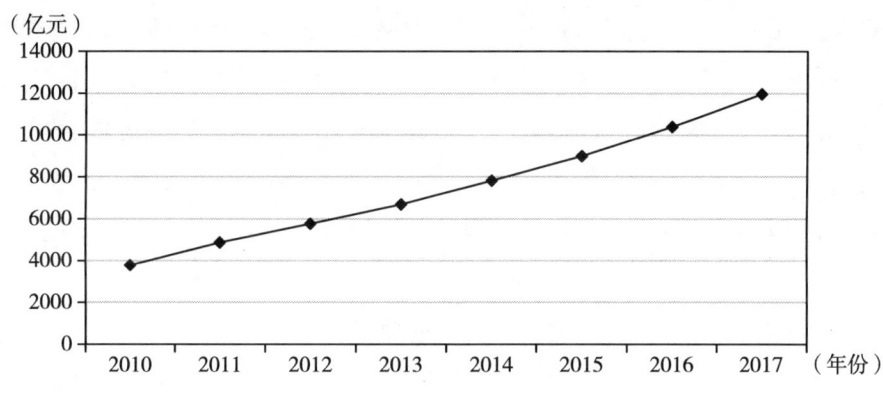

图 4-1 东部地区代表性省份——广东的旅游收入

资料来源：国家统计局。

据农业部农业休闲网公布的统计数据，在 693 个已登记的休闲农业用地中，东部地区占 475 个，东部地区在休闲农业园区数量上具有绝对优势。以北京市为例，十年来，北京市"三农"数据发生了大变化，休闲农业和乡村旅游收入增长迅猛，相比 2006 年增长十多倍，全市休闲农业和乡村旅游接待游客 2 亿人次，经营收入达到 150.7 亿元，同比出现了大幅增长。

（2）东部地区农业旅游投资多元化增长

农业与旅游业的耦合发展离不开各种渠道的资金支持，农业和旅游业耦合发展的资金需求相对较大。农业旅游涉及第一、第二、第三产业的整合，承载乡村旅游的生产项目和服务项目都需要较多的资金投入。但是，就投资需求而言，难以通过单一渠道满足农业和旅游业耦合发展的需要，有必要通过扩大投资渠道来支持农业旅游的发展。在快速发展的旅游市场推动下，中国旅游投资呈现逐年增长的趋势，大大小小的资本涌入旅游业。乡村旅游也是旅游投资的热点。从中国农业和旅游业耦合的发展过程来看，各方的相关投资呈现出逐步增长的趋势。从旅游投资环境水平来看，东、中、西三个不同的区域呈递减分布。位于中国东部的广东省、北京市、上海市、浙江省和江苏省位居榜首。从全国统计来看，21 个省（区）中，有 9 个省（区）的旅游投资超过全国平均水平，均属于东部地区，几乎全部进入旅游投资环境前 20 名。

（3）东部农旅融合发展模式典型化

在农业旅游方面，很多国家起步较早，有许多可借鉴的成功模式，如欧美的"度假农场"模式、日本的"绿色旅游"模式和新加坡的"复合农业园"模式等。但鉴于中国农业旅游的发展现状和旅游消费特点与国外的明显差异，我国农业旅游的发展需要从地方模式入手。其中，东部地区是我国天然岸线和水域分布的集中区，农业与旅游业的融合发展模式逐渐成为典型。东部地区在保护沿海、水域生态的基础上，积极发展渔场、渔民等休闲旅游产品和特色养殖。同时，积极利用东部地区的技术优势，大力发展农业科技休闲农业。在发展主体方面，逐步减少了村镇型园区的比例，增加了企业型园区的比例，提高组织化程度。在主导功能方面，东部地区积极利用靠近客源市场的优势，开发以休闲、娱乐、度假、接待、商务为主导功能的景点。

2. 东部旅游业与农业耦合发展存在的问题

在我国运用新农村建设等政策措施来提升乡村旅游产业结构、创造休闲农业发展的必要条件时，由于观念差异与基础设施不完善等问题，我国东部地区的农旅耦合仍存在很多问题。

（1）东部旅游业与农业的耦合发展缺乏整体规划

东部地区的农业旅游发展模式在典型化的过程中，仍面临着乡村旅游资源布局规划不合理的问题。休闲度假娱乐场所的建设缺乏科学规划。很多休闲场所的规划仅凭开发商自己的偏好进行设计，而开发商的素质又参差不齐，所以乡村旅游的环境建设也不尽如人意，乡村旅游景点由于其低水平的重复建设，严重地影响了周围环境，给环境的保护带来了严重的压力。特别是近年来，经营者急于求利，为了增加旅游收入，没有人认真分析本地资源优势和客源市场，造成了同一地区内项目建设重复，功能雷同，恶性竞争，效益低下。政府也没有及时发挥积极有效的引导作用，使很多农户在利益面前不能做好市场调查和投资分析，只能开发出低层次的乡村旅游产品，配套设施和环境不能长期满足休闲消费的需要，因此，很快就陷入衰落停业的局面。

例如，《山东省旅游业发展"十三五"规划》中所提出的发挥旅游业在供给侧结构性改革中的重要作用，以提高发展质量和效益为中心，加快形成引领经济发展新常态的体制机制和发展方式。东部地区农旅耦合大多存在缺乏整体规划的问题。

（2）农旅耦合产业设施与经营存在不规范问题

现阶段东部地区的乡村休闲区域大多位于大城市郊区或者经济发展水平较高的农村地区，对基础设施建设都有较高的要求，需要配套设施尽可能地完善。只有具备完善的硬件设施、良好的卫生条件、安全条件，才能有效地满足游客的多种需求，以此增加休闲农业收入。但现在即使在东部发达的城市周围或者经济条件发展较好的农村都无法轻易达到这个要求。配套设施的不完善造成了休闲消费跟观光旅游一样，成为一次性消费，不能实现可持续发展。

（3）东部地区区域内的旅游文化发展与合作尚有欠缺

旅游休闲产业是一个跨区域、跨行业的综合性产业。开展与其他行业的合作与交流至关重要。在东部地区，有一些行业与农村休闲活动之间是弱相关，他们没有减少自己收入发展休闲产业合作的义务，也没有必定获得收益的可能，但在事实上他们又严重制约着整个休闲农业产品或休闲农业目的地形象的提升，影响了乡村休闲的发展，如交通与旅游休闲之间缺乏有效的协调与合作，将给休闲农业产业的规划、组织和实施带来很大的发展压力。尽管许多东部地区发展的乡村旅游作为一种新的经济增长点予以重视，但在实际过程中，本地或更多地侧重于区域发展指标的活动，而不是基于产业链发展，他们更专注于创建旅游工业区，对比你就会发现没有哪个地区非常重视东部这一地区与旅游休闲产业链之间的关系。另外，联系休闲农业在东部地区和城市旅游业在该地区相对较少，和信息网络和城乡之间信息交流来往并不完整，因此很难实现真正的城乡旅游资源和其他资源共享。

4.2.2　中部地区旅游业与农业耦合发展的现状分析

1. 中部旅游业与农业耦合发展取得的进展

我国中部地区主要有晋、豫、鄂、湘、皖、赣这几个省份，主要分布在长江流域或是黄河流域。中部地区经过 10 年的发展，已经有了崛起的趋势，党和国务院高度重视"中央崛起战略"。中部的这几个省在游客、交通和环境方面具有特殊的优势。因此，至于旅游市场发展，应当确保充分利用现有资源，确保旅游业逐渐发展成一个工业基础、确保资源能够纳入中央六省战略性地结合在一起，并且一步一步的工业化而得以发展。

相比之下，位于中部地区重要农业腹地，地域宽广，坐拥着丰富的区域性农业资源，农业发展的区域特点和东西方之间的比较优势，资源的规模和丰富性是休闲农业发展的重要资产，也是旅游业的发展基础。中部地区休闲农业与旅游业的耦合发展是由其共性与差异性的存在所促成的。

（1）中部农业旅游市场规模不断扩大，质量逐步提升

人们普遍认为，截至 2019 年，城镇化是中国最大内需和发展潜力的关键，

旅游业是中国城镇化的重要组成部分，旅游业作为经济的战略性支柱产业，被视为21世纪最具发展潜力的产业之一。大量的就业机会因为中部发展创造了出来，推动了农村劳动力由农村向城镇的转移，同时也促进了产业现代化的转型升级，中部地区经济的增长与城镇的发展也依赖于此。随着收入的增加和消费意识的提升，旅游成为大多数国家度假的首选方式。全域旅游时代已到来。在这个背景下，中部地区农业旅游的营业收入也正以令人惊讶的速度向上增长，休闲农业和乡村旅游等农业旅游形式越来越受到中国居民的欢迎。中部地区在休闲农业和乡村旅游方面所具备的独有优势，有助于满足城市居民对短期休假的日益增长的需求，显示出超越一般旅游业的活力。

以中部代表省份湖南省为例，在2017年，湖南省鼓励休闲农业与乡村旅游转型和现代化发展、提高质量和效率，休闲农业发展成效显著增长。省内共有1.7万家休闲农业经营主体，其中规模农庄4510家、星级农庄1078家（国家级五星级60家、省级五星级325家）。休闲农业收入达380.15亿元，与上年相比增长了接近二成；总计接待游客1.75亿人，增长了十成。

以安徽省潜山县为例，潜山县始终贯彻以"生态立县、旅游兴县"为主导的策略，在依托天山旅游的自然资源范围内，贯彻休闲农业的本质，创建农事体验类的乡村旅游项目，形成"一核一环四区四板块"的现代农旅耦合格局。截至2019年，潜山县共有3个国家级休闲农业和乡村旅游示范点，全县内各类具有规模的132个休闲农业经营主体。原先的风景观光模式已经被休闲旅游活动取代，耕田、采制茶、摘水果等项目，持续为休闲旅游发展提供助力。2017年，潜山县一共接待乡村旅游的游客人数高达350万人次，乡村旅游总收入15亿元，与此同时，通过旅游发展再就业人数高达6万人，农民占到其中的90%，农民人均增收2867元，增长率高达22.32%。

中部代表省份之一的江西，其休闲农业发展也在缓慢增长。据统计，2016年江西省经营各类休闲农业的企业超过4190多家。江西省的全国性休闲农业与乡村旅游示范县占全国总数的5.1%、省内全国休闲农业示范点占全国总数的3.1%、中国美丽休闲乡村占全国总数的4.8%，处于全国领先地位。随着江西省农业旅游业之间的联系日益紧密，休闲农业的活动质量也在不断提高。以油菜花和本土特色建筑为主打的婺源、江西国鸿现代农业生态科技园、浮梁县瑶里梅岭山庄等休闲旅游目的地均彰显了我国对农业旅游耦合的重视，中国正在深入挖掘休闲农业潜力，打造精致旅游产业。

可见，截至 2019 年，中部农业旅游市场的营业收入呈持续增长趋势，农业旅游作为兴起的休闲娱乐方式，发展迅速，休闲农业和乡村旅游行业的接待人数也在不断上升，农旅耦合市场的规模不断扩大，如图 4-2 所示。

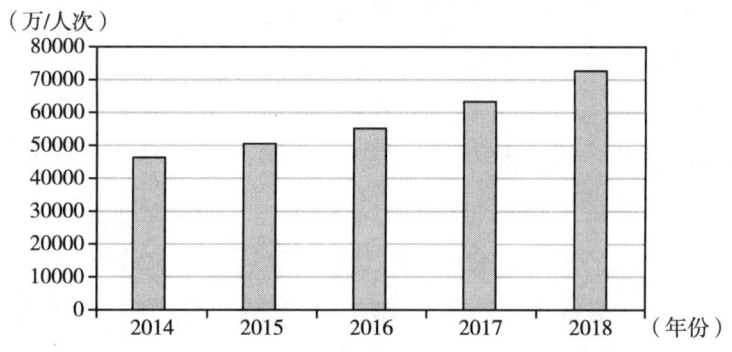

图 4-2　以湖北省为例 2014—2018 年旅游人数

中部区域内旅游业发展的相对优势的增长和变化愈发明显。基于对各省份旅游收入的最新分析，中部地区旅游收入拥有 25 个百分点的增长，同期，东部地区不到十成；前往中部地区的游客人数增长了 18.62%，而东部地区仅有 3.55%。

(2) 中部农业旅游市场政府推动力更强

政府的引导和其有关政策都支撑着农业与旅游业的耦合均衡发展，以为农旅耦合提供优良的体制环境。中部地区的农旅耦合便具有这个优势。中部地区执行了 2017 年一号文件所指出的要充分利用"旅游+""生态+"来促成乡村生态旅游模式，促进农业与教育、旅游等其他产业深度融合。中部地区努力拓展了农业的多种发展空间，在农村地区建立了各类旅游设施和旅游产业，这有助于丰富中部农村地区旅游业的内容和形式，给农村的经济发展提供了新的燃料，使当地农民距离脱贫目标更进一步；中部地区在进一步挖掘本土内部的旅游特色以及乡村旅游资源，实现两大产业的结合共同发展，从而达到中部地区可持续发展的目标。要想同时满足农旅产业的进一步协同发展，政府的政策和支持是必不可缺的，在政府领导下进行耦合的农旅产业，并不是由政府完成一切耦合过程，而是通过政府与市场之间的有机一体化加强区域经济能力，进而加强耦合程度。伴随着中线工程的开凿与完善，中国中部农村旅游市场的吸引力持续提高。中部地区的政府比西部和东部地区更致力于实现生态经济示范城市的目标，通过将优秀的旅游产业与区域性特色农业相结合，在农业旅游业发展层面取得了优秀成果。如湖北枣阳出台的《全市美丽宜居乡村建设考评方案》，让市内村落与市直属部门"一对一"，建立帮扶关系，以求全面推进美丽乡村建设。通过"刘秀文化"这一招牌，凭借着近水楼台的优势，大力深挖休闲农业、观光农业潜力，引导村民脱贫致富。

（3）中部农业旅游市场发展模式典型化

以我国中部省市湖南省为例。近年来，湖南省内的有关文件均表明，湖南的休闲农业发展势头迅猛，建立了以少数民族特色为依托的民俗体验型、以种植当地特产作物为招牌来吸引游客的农业观光型、以自然风貌为核心的乡村休闲观光型等多种类型。湖南省的乡村旅游市场发展迅速。截至2017年底，湖南省全省休闲农业庄园发展到3811家，接待休闲观光人员7184万人次，实现经营收入89.5亿元；带动建立种养基地81.5万亩，带动相关产业产值100多亿元。近十年间，湖南省正在新建和扩改建的休闲农业项目500多个，其中计划投入4000万元以上的项目60个。项目建设完成后，预计每年湖南省乡村旅游业可以新增营业收入30亿元左右。

根据调查，在2017年中部代表省份陕西省的旅游行业将农旅耦合作为重点，创建了全国休闲农业和乡村旅游示范县10个，已经完成了高达31个文化旅游名镇的建设，完成了各方旅游投资41.23亿元。全省休闲农业接待游客数量2.02亿人次，旅游业创收275.6亿元，与上年相比增长了31.1%。

2016年，江西休闲农业已接待游客量达2亿余人，为数百万人提供了就业岗位，其中近百万是农民。旅游业为江西政府增收700亿元，年平均增长速度超过20%。

（4）中部地区农旅初步融合，产业转型加快

休闲农业作为第一产业与第三产业结合的产物，对第三产业的依赖极大，休闲农业在第三产业发展较好的区域才能够更便捷有效地推动和发展。中部地区的农业旅游市场在耦合过程中，逐渐试图在基础产业稳步发展的基础上推广休闲农业：一方面发展其特色产业，打造以有机产品为主打的安全食品；另一方面扩大发展农业旅游业功能，延伸相关产业链，加快传统农业向新城镇农业的转型。以江西省农业龙头企业——国鸿集团股份有限公司为例，积极投身休闲农业，开设了现代化农业生态科技园，提供休闲农业旅游度假服务。该生态科技园位于南昌市蒋巷镇，占地面积达800余亩，总投资超1.2亿元。整个园区非常适合娱乐与健康疗养。游客可以在农业旅游区和其他不同区域中体验蔬菜和水果的采摘等

项目，也可以购买国鸿系列绿色产品。国鸿现代农业生态科技园已成为南昌周边居民休闲度假的首选场所，也成了农业与旅游业耦合的参考点。

2. 中部地区旅游业与农业耦合发展存在的问题

中国地域宽广，提供了多样的旅游资源。但中部地区虽然占有较多的旅游资源，其旅游业提供的经济增长产出却与其坐拥的资源不相匹配的。休闲农业的发展仍存在一些问题，制约着区域旅游业与农业的耦合发展。

（1）中部地区旅游业基础设施瓶颈制约仍然存在

相比西部地区的民俗旅游业开发等项目，农业和农业旅游投资力度不足和结构不合理，旅游业各要素的发展极其不平衡。较之于经济发达地区的旅游产业，中部地区住宿业、交通业硬件设施配备难以满足"实现旅游资源大省向旅游经济大省、旅游经济强省转变"的需要。虽然中部地区接待游客量、旅游业产值一直持增长态势，但由于起点较低，数值仍旧保持在低水平。乡村旅游产业的发展程度较我国其他发达地区还有差距，旅游产业总体水平仍然不够高。

（2）中部地区旅游资源开发缺乏整合，旅游市场管理体制不顺

随着经济体制改革的加速以及国内旅游业的快速发展，管理体制问题对中部地区旅游业发展的负面影响愈发突出。在农业与旅游业耦合过程中的产业开发和市场监督管理中，由于体制问题，部门间职务冲突、职务空缺现象明显。各企业实行分散管理，缺乏统一的规划和联合管理协调。缺乏专业部门对旅游资源进行统一管理，开发的不合理导致休闲农业区域的布局不合理，旅游产业总体水平也较低。

（3）中部地区休闲农业产业规划滞后

休闲农业产业规划是农旅耦合发展的重要基础，对引导内部休闲农业的融合集聚发展具有指导意义。虽然我国农业现代化与农业供给侧结构性改革正在取得进展，且作为新产业，休闲农业融合观光、生产、休闲等为一体，展现了极佳的发展态势，国家逐步出台了一系列与农旅耦合相关的政策，对其提出了更高更新的要求及指导意见；但同时，以中部代表省份湖南省为例，截至2019年初，湖南省的社会经济发展迅速，城乡面貌焕然一新，原有相关休闲农业规划呈现出布局与发展、供给与需求、投资与效益不相适应的状况，导致全省休闲农业产业融合集聚发展滞后。

（4）中部地区农业旅游市场内部发展差异较大

中部地区由于各省经济条件发展的不同步，旅游资源分配的不均衡，中部

六个代表省份具有较大的差异。2018年国内旅游收入最多的湖南省高达8255亿元,最少的山西省则为6699亿元。可见,中部地区各省旅游产业发展水平差距已呈现分化态势(如图4-3所示)。中部地区各自为户,故步自封的休闲。农业发展现象十分严重,这也是产品单一,开发力度不够,缺乏地方特色,同质化严重的原因;同时大多还是各自为营,封闭发展,集聚效应不明显。具有鲜明特色的生态旅游、景区旅游资源与休闲农业未有效集聚融合,缺乏足够招徕游客的聚集村落和响亮的招牌名号,导致经济效应不高。

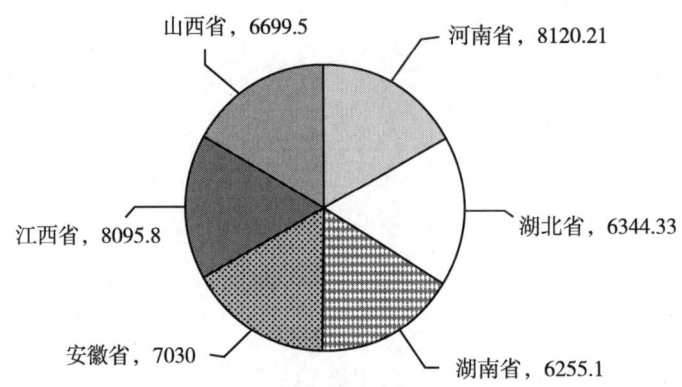

图4-3 中部地区国内旅游收入(亿元)

(5)中部农业旅游市场多元融资渠道相比之东部地区还未成型

中部地区休闲农业企业的融资渠道既有内在融资,也有外部融资。截至2019年初,在江西省,休闲农业融资体系的重点是从内部进行融资,融资方式以外部融资为辅,但更偏向于外部融资,优先考虑公共银行和农业信贷机构,对融资途径有明显的依赖。但江西省的休闲农业的外部融资条件很差,金融环境尚需改善,市场体系亟须改进。由江西省的困境,中部休闲农业融资所存在的问题可见一斑:认识层面,农业金融机构缺乏执行力度和对国家惠农政策的认识,缺乏积极服务的态度,也没有对农村企业提供足够的财政支助;操作层面,农村企业一直为贷款难所困扰;政策层面,在实现农业土地经营权或住房使用权进行抵押贷款的后续方案方面存在法律障碍。

4.2.3 西部地区旅游业与农业耦合发展的现状分析

1. 西部旅游业与农业耦合发展取得的进展

截至目前,西部地区同我国东部地区相比,在农业旅游上西部的发展进度更慢，档次较低，科技发展缓慢。西部有着优越的农业旅游资源，在这些年的西部大开发中，他们充分了解与认识到了发展农业旅游的资源优势，对休闲农业促进区域内经济结构调整与发展有了充分的认识，有效推动了西部地区"三农"问题的解决，促使西部地区城乡经济的进一步发展。

(1) 西部休闲农业产业规模不断扩大

经过数十年的发展，我国西部的休闲农业的产业规模持续增长扩大、产品种类越来越丰富、空间分布不断升级合理化，促使了农业与旅游业的融合深度和区域经济的发展。根据中国旅游研究院研究显示，2019 年，我国区域空间优化和方式积极将成为国民休闲主要趋势，专项政策红利释放将助力中西部旅游发展，中西部地区旅游发展的后发效应与比较优势将逐渐凸显。

我们从各类数据可以发现，我国西部地区旅游收入增长率高达 27.69%，比东部地区多出 9.63%，西部地区的旅游出行增长率为 22.65%，高过东部地区 3.55%。相较于 2010 年的数据，我国西部地区的旅游客流数量呈现持续增长趋势，例如，川渝旅游客流量的增长率高达 105.8%，便捷度提升了 114.8%。急速增长的旅游流促进了资本流动、信息流、人才流动和文化流动的互动发展，对促进区域农业与旅游的耦合发展起到了重要的作用。

以西部代表省份云南省来看，由于"十二五"期间，云南省不断地推进省内进行乡村旅游扶贫产业，创造了一个全国代表性的旅游经济强县，高达中国 32 个乡村旅游示范村的模型，并创建了 500 多个乡村度假区，撬动了 145 亿元左右乡村旅游社会发展的总投资。预计到 2020 年，云南省的乡村旅游接待客流量超过 2 亿人次，乡村旅游总收入超过 2500 亿元，间接促进就业 210 多万人。

截至 2019 年，西部代表广西已建有休闲农业园 500 个左右，接待了超过 3300 万人次的乡村旅游游客，创造了上百亿元的旅游产出收入。截至 2019 年初，广西休闲农业特色景点接近 2000 个，吸引了很多游客前来。从 2019 年 24 个省市的"五一"假日旅游数据可以看出，与中部文化旅游市场相比，其规模更大，潜力也更巨大。

(2) 西部农业旅游业发展资源优势愈加明显

西部乡村地貌宽广，空气新鲜、拥有众多少数民族，有着各种特色食品，从事的农事活动多带有少数民族特色，乡土民族文化丰富多彩，坐拥着得天独厚的旅游资源。西部具有优良的气候条件，有利于发展各具特色的农业活动，无论品质还是质量，在国内还是世界上都是一流水平；从地形条件来看，西部地区地形差异大、种类多,有着山地、高原、丘陵、盆地、平原等多种地貌。这非常有利于多类型农业活动的发展;从生物资源条件来看,西部地区生物种类多样、分布广泛、野生珍贵动物占比高、经济利用价值高。

由上可知,农业格局丰富的自然条件和农业资源的多样性为西部地区旅游业的发展提供了良好的基础。农业旅游资源多种多样,西部地区地理位置及其地形差异巨大,导致农业生产方式大不相同。平原、高原、盆地、草原、山地等不同的地形带来不同风格的农作方式与休闲农业风光。

西部地区不但农业旅游资源丰富,景色秀丽,而且农业生产历史悠久,有着丰富的文化内涵以及各具特色的民俗风情,这对我们西部农业旅游资源的开发有了极大贡献。我国大部分少数民族都居住在西部地区,如彝族、羌族等,这使西部地区形成了与东中部地区大不相同的民俗文化、饮食习惯及具有民族特色的食物制作方式。西部有些农村地区甚至还保留了该地区古老、传统的文化与生活习俗,但城市附近的农业已经融入了新的内涵,发展科技,这两者的相辅相成更凸显了特色的农村文化习俗。

(3) 西部农业旅游市场扶贫效果显著

农业旅游带动贫困户脱贫致富的关键是充分利用贫困地区的自然资源、人力资源发展特色农业旅游,从而促进当地经济发展、农民增收。2013年,乡村旅游扶贫成为中国扶贫开发的重点任务之一,《乡村旅游扶贫工程行动计划》《关于实施乡村旅游扶贫项目促进旅游扶贫工作的通知》《兴边富民行动"十三五"规划》等一系列指导性政策文件陆续出台。乡村旅游扶贫作为乡村振兴和农村扶贫开发工作的重要领域,正在以"中央协调、省责任、市县实施"的机制实施推进。而农业旅游的扶贫效果据数据显示,自2015年初实施"515战略"旅游工作以来,2017年西部代表直辖市重庆市已创建了10个全国休闲农业与乡村旅游示范区县,23个中国最美休闲乡村,共打造了3000多个休闲农业和乡村旅游景区景点,发展2万多家农家乐和7500多个休闲果园及农庄。乡村旅游接待游客达到5.4亿人次,实现旅游总收入3300亿元。旅游收入同比增长达14%。

在2017年,西部代表内蒙古通过开展休闲农业旅游,直接带动3万贫困人口脱贫,间接带动5万贫困人口脱贫,使全区20个乡村旅游扶贫重点村年旅游经营收入达到50万元,贫困人口年人均旅游收入达到5000元以上。预计于2020年全区内565个国家乡村旅游扶贫重点村全部实现脱贫,牧区全区乡村旅游直接从业人员超过18万人,带动农牧民就业15万人。从截至2019年初的情况来看,农业旅游对促进西部旅游市场贫困人口脱贫致富具有重要作用,已成为脱贫攻坚战中强有力的扶贫法宝。

(4) 西部乡村旅游业为我国旅游业的发展作出了重要贡献

我国的乡村旅游产业的迅速发展,受到了国内和国外游客的一致好评,旅游者选择的热点转向了各种乡村民俗旅游景点。乡村旅游为西部旅游业整体收入能力的增长作出了贡献。2017年,西部代表省份的四川省阿坝藏族自治州,全年接待了国内外游客高达2909.6万人次,旅游总收入突破到235.72亿元人民币,如表4-1和表4-2所示。

表4-1　　　　　　　　西部地区旅游总收入　　　　　　　　单位:亿元

地区	2013年	2014年	2015年	2016年	2017年
阿坝藏族羌族自治州	195.67	242.74	285.09	318.4	235.72
甘孜藏族自治州	63.25	80.69	107.50	133.74	143.71
凉山彝族自治州	2111.24	2665.74	3281.79	4726.24	5175.24
云南省	2111.24	2665.74	3281.79	4726.25	5605.71
贵州省	2370.65	2895.98	3513.31	5027.54	5605.71

资料来源:《四川省旅游政务网》《云南省国民经济和社会发展统计公报》《贵州省国民经济和社会发展统计公报》(2013年、2014年、2015年、2016年、2017年)。

表4-2　　　　　　　　西部地区旅游接待人数　　　　　　　　单位:万人

地区	2013年	2014年	2015年	2016年	2017年
阿坝藏族羌族自治州	2289.6	2876.17	3230.57	3761.47	2909.6
甘孜藏族自治州	633.77	802.43	1076.18	1330.32	1397.11
凉山彝族自治州	2864.8	3165.6	3729.51	4081.12	4366.8
云南省	25043.37	29097.94	33375.32	43699.42	47850.86
贵州省	26761.28	32134.94	37606.23	53100	59206.5

资料来源:《四川省旅游政务网》《云南省国民经济和社会发展统计公报》《贵州省国民经济和社会发展统计公报》(2013年、2014年、2015年、2016年、2017年)。

以我国西南民族地区乡村旅游业发展的现在进行分析,主要以西南地区的四川省、云南省、贵州省近几年的旅游统计数据为依据,展现我国西部区域性乡村旅游业发展的现状。

从表4-1、表4-2可以看出,除了阿坝自治州2017年因为受地震影响,旅游人数和收入数据有明显的下滑以外,其他各地区数据均有明显增长,且增长幅度较大。说明了该阶段各民族地区的旅游基础设施与景点发展已比较成熟。

同时，伴随着经济发展，我国人民的生活水平的提高，参与旅游活动的人越来越多，对民俗文化旅游要求越来越大，西部少数民族地区因为其特殊独有的旅游资源，逐渐形成了潜在的旅游市场。

四川省旅游政务网消息，四川省着力发展乡村旅游，通过旅游经济带动脱贫，成效明显。2017年四川省实现了乡村旅游创收2283亿元，同比增长13.3%，省级旅游发展资金重点支持86个县实施旅游产业扶贫，占全省有扶贫任务县的54%，计划摘帽县14个，509个旅游扶贫重点村退出，带动3.7万户贫困户12.6万贫困人口受益，占全省108.5万脱贫人口的11.6%。同时，2016年底，贵州省乡村民俗旅游景区达到9013个。

由以上数据可以看出，西部地区的产业耦合成果极大地促进了我国旅游业的整体发展。

（5）西部农业旅游市场树立了自己在旅游业中的地位

经过农业与旅游业的产业耦合，乡村民俗旅游业在国内从1980年发展至今，已经在旅游业中建立起了自己稳固的位置，与自然风景旅游、历史古迹旅游业共同支撑着我国旅游业的发展。首先民俗文化旅游的开发和投资规模得到壮大，其次开发出来的民俗旅游项目越来越多，内容越来越丰富，从起初的旅游景点简单地游览、民族歌舞表演、民俗服装饰品展示开始转向深层次开发民俗文化的旅游价值，民俗建筑、民俗节日、民族礼仪等更多内容受到开发者的青睐；从地域看，民族地区基本都有民俗旅游景区，特别是乡村民俗地区，成为民族地区省市发展的热点区域。再次西部已经有大批的著名的乡村民俗旅游景观形成，如云南民族村、四川阿坝州、贵州民族乡、黔江区民族十三寨等成为当地旅游业的精品项目。

国内西部许多地方的民俗旅游业是改革开放之后才逐渐兴起的，在旅游业还未进入乡村地区之前，乡村地区都是从事农业来维持生计。旅游业入住之后，在乡村地区快速发展壮大，为乡村地区提供了新的增收模式，为乡村地区经济发展提供了新的方式，促进了乡村地区从农业向旅游业的耦合发展转变，并同时推动传统农业更新发展。

2. 西部地区旅游业与农业耦合发展存在的问题

（1）西部地区参与主体文化素质较低，投资不足

有关专家指出，观念才是真正制约西部旅游开发的重要因素。同时，西部农业旅游的开发相比之中西部地区的旅游开发，因为观念制约，西部的农业主

体文化素质较低。较低的文化素质会制约新技术新模式进入休闲农业，制约了农业向更高的方向发展。使得西部地区对于自身资源优势认识不足，曲解旅游开发。西部地区 12 省 3 亿人口中绝大多数是农民，长期从事农业生产，没有意识到农业资源还可以作为旅游资源来开发，再加上，长期以来，将农业仅仅视为满足人们的温饱的基础产业，并未对农业自身的多样性加以了解。很多人将农业和旅游分开来看。在旅游的决策层中也出现对农业漠视的情况，正因为没有及时转变这些观念，极大地限制了西部旅游资源的开发。缺乏资金，旅游资源得不到充分开发，难以体现出西部特色。农业旅游如果没有足够的资金保障，对外的宣传营销以及上档次的旅游开发将无法进行。西部地区的经济发展在全国处于落后位置，很多地区的旅游开发水平不高，存在大量的重复建设。而原来农民自发的特色旅游如农家乐等还处于基础阶段，缺乏全面的建设和完整的配套设施等。

(2) 西部地区专业人才匮乏，管理水平低下

西部旅游受地理环境因素所限，较之中东部地区，旅游业人才稀少。因为从业者不多，人才少之又少，导致西部地区旅游业从业人员水平较低，经验不足、管理水平低下等缺点时常为人所诟病。专业的旅游人才能够为游客提供完善的服务，如游客中心、地图指示等景区必备硬件，更能带来优秀导游，完备的服务体系，增加游客游玩时的满足感，为景区增添印象分，这些软件配置也是旅游产业不可或缺的一部分。农业旅游作为新兴化产业，缺乏专业人才所导致的硬件与软件不全都会严重影响农业旅游的发展。西部的农业旅游具有极大潜力，但是人才的缺乏会使得许多农业旅游的独特优点无法发挥出来，缺乏个性化气息，难以打响西部农业旅游这一名号。

(3) 西部地区农业旅游项目季节性强

西部虽然坐拥着多种地形地貌，享有独特的气候，但也因自然气候条件的影响，西部农业观光旅游相对于其他地区更具有季节性。西部地区的休闲农业产业基本都存在着旅游活动旺季短、淡季长的关键问题，这种季节性的差异造成了西部旅游形成了季节性旅游的特点。例如，夏秋季节时观光果园游客众多，但管理却落后，导致游客体验感差、浪费现象严重，而冬季时果园中门可罗雀，旅游人数大幅降低，导致设施大量闲置。西部省份甘肃省的甘南州旅游资源主要分布在比较高寒的地区，因此旅游旺季仅为每年的 7 月至 8 月，这两个月的游客人数达到全年接待量的六成，而其他月份则为淡季。

第 5 章　我国旅游业与农业协调发展水平评价与耦合实证分析

在上一章对我国旅游业与农业耦合发展定性分析的基础上，本章基于熵值法与耦合评价模型对我国旅游业与农业协调发展水平进行定量研究。评价旅游业与农业协调发展水平需要建立科学的评价标准和指标体系，根据上一章对我国旅游业与农业耦合发展的 PEST 分析，以及对中东西部旅游业与农业发展现状、存在问题、有利因素和不利因素的分析，并综合考虑指标及数据的可获得性和可调查性，设置相关指标、构建评价指标体系。旅游业与农业都对我国经济发展具有重要推动作用，因此在定量研究旅游业与农业耦合协调发展水平前，本书首先运用熵值法分别对我国中东西部地区旅游业与农业发展水平进行评价，为后续研究打下基础。

5.1　我国旅游业与农业协调发展水平评价指标体系构建

5.1.1　评价体系相关指标选取

（1）我国旅游业发展水平指标构建

在此评价指标体系中，旅游业发展水平设置一级指标 3 个，二级指标 9 个。对各省旅游业发展的评价主要从三大方面考察：一是规模大小，二是发展速度，三是效率高低。因为一级指标可包含的二级指标极其广泛，但也十分具体。正是因为具体，就要考虑到指标的可获取性。这就要考虑到二级指标的设置既要反映一级指标的要求，又要考虑到指标能够获取，同时又要突出反映其特点。基于这样的考虑，旅游业发展水平规模指标下的二级指标为：省内旅游总收入、旅游总收入占 GDP 的比重、就业人数占总就业人数的比重。成长指标下的二级指标为旅游总收入增长率、旅游就业增长率、旅游固定资产投资增长率。效率指标下的二级指标为旅游业劳动生产率、旅游业增加值率、旅游业固定资产投资效果系数。我国旅游业发展水平评价指标体系如表 5-1 所示。

表 5-1　　　　　我国旅游业发展水平评价指标体系

P 层	A 层	B 层
我国旅游发展水平 P	旅游规模 A1	各省旅游总收入 B1
		旅游总收入占 GDP 比重 B2
		就业人数占总就业人数比重 B3
	发展指标 A2	旅游总收入增长率 B4
		旅游就业增长率 B5
		旅游业固定资产投资增长率 B6
	旅游效率 A3	旅游业劳动生产率 B7
		旅游业增加值率 B8
		旅游固定资产投资效果系数 B9

（2）我国农业发展水平指标构建

在此评价指标体系中，农业发展水平设置一级指标 3 个，二级指标 9 个。对各省农业发展的评价主要可以从三大方面考察：一是规模大小，二是发展速度，三是效率高低。二级指标的设置既要反映一级指标的要求，又要考虑到指标能够获取，同时又要突出反映其特点。基于这样的考虑，农业发展水平规模指标下的二级指标为：农林牧渔业总产值、农林牧渔业总产值占 GDP 的比重、就业人数占总就业人数的比重。成长指标下的二级指标为：农林牧渔业总产值增长率、农业就业增长率、农业固定资产投资增长率。效率指标下的二级指标为：农业劳动生产率、农业增加值率、农业固定资产投资效果系数。我国农业发展水平评价指标体系如表 5-2 所示。

表 5-2　　　　　　　我国农业发展水平评价指标体系

P 层	A 层	B 层
我国农业发展水平 P	农业规模 A1	农林牧渔业总产值 B1
		农林牧渔业总产值占 GDP 比重 B2
		就业人数占总就业人数比重 B3
	发展指标 A2	农林牧渔业总产值增长率 B4
		农业就业增长率 B5
		农业固定资产投资增长率 B6
	农业效率 A3	农业劳动生产率 B7
		农业增加值率 B8
		农业固定资产投资效果系数 B9

5.1.2 评价体系指标解释

(1) 旅游总收入：旅游总收入是指一个区域内，或一个国家范围内的旅游目的地在一定时间通过提供旅游服务等所取得的货币收入。

(2) 旅游就业人数：旅游就业人数是指旅游业为社会提供劳动就业人数的总量。旅游就业人数的计算公式如下：

$$旅游就业人数 = \frac{一定时期直接、间接的旅游就业人数增加量}{同期旅游经济增加量} \quad (5-1)$$

(3) 旅游收入增长率：旅游收入增长率是指不同时期旅游收入与所定基期旅游收入的比率。旅游收入增长率通常有三种表示方法，即定基增长率、环比增长率和平均增长率。

① 旅游收入定基增长率。旅游收入定基增长率是指确定基年旅游收入为基数，然后以各年旅游收入同其进行比较而得到的增长率，反映各年旅游收入与基期的比较情况。旅游收入定基增长率的计算公式为：

$$r = \frac{R_i - R_0}{R_0} \times 100\% \quad (5-2)$$

式 (5-2) 中 r 表示旅游收入定基增长率；R_0 表示基期旅游收入；R_i 表示第 i

期旅游收入。

②旅游收入环比增长率。旅游收入环比增长率是用某期旅游收入同其上一期旅游收入进行比较的比值。其计算公式可参考定基收入增长率公式,但要把基期旅游收入变为 i－1 期的旅游收入。旅游收入环比增长率计算公式为:

$$r = \frac{R_i - R_{i-1}}{R_{i-1}} \times 100\% \tag{5-3}$$

③旅游收入平均增长率。旅游收入平均增长率是一段时期内年均增长率。其既可根据定基收入增长率计算,也可根据环比收入增长率计算。

(4) 旅游业增加值:旅游业增加值是由旅游业和相关产业在旅游活动消费而产生的增加值。

(5) 固定资产投资效果系数:固定资产投资效果系数是指报告期新增国内生产总值与同期固定资产投资额的比率。计算公式为:

$$固定资产投资效果系数 = \frac{报告期新增国内生产总值}{同期固定资产投资额} \times 100\% \tag{5-4}$$

(6) 农林牧渔业总产值:农林牧渔业总产值是指以货币表现的农林牧渔业全部产品总量。

(7) 传统农业:传统农业是一种生计农业,家庭成员参加生产劳动并进行家庭内部分工。传统农业生产的主要目的是满足自己的需要。

(8) 林业:林业是通过森林取得木材和其他林产品、利用林木的自然特性作用的农业部门。

(9) 畜牧业:畜牧业是利用畜禽或野生动物的生理机能,通过人工饲养以取得畜产品的农业部门。

(10) 渔业:渔业是指捕捞、养殖鱼类以及藻类等以取得水产品的农业部门。

(11) 农业增加值:农业增加值是进行各项农业活动所增加的产值,是扣除各项现价后所得。农业增加值的计算方法:

农业增加值 = 固定资产折旧 + 劳动者报酬 + 生产税净额 + 营业盈余　(5-5)

5.1.3　旅游业与农业耦合协调发展水平评价模型的建立

科学评价是进行科学决策的前提,因此采取的评价方法也是实现科学决策的重要保障。而评价方法的选取还要将研究需要与数据的可获得性相结合。我国旅游业与农业耦合发展水平评价中的各指标要反映各自旅游业与农业耦合中的地位和意义，避免因为数学意义上的客观导致失去指标本身的意义。本书利用熵值法计算出各项指标的权重。在信息论中，熵是对不确定性的一种度量。信息量越大，不确定性就越小，熵也就越小；信息量越小，不确定性越大，熵也越大。根据熵的特性，我们可以通过计算熵值来判断事件的随机性及无序程度，也可以用熵值来判断某个指标的离散程度，指标的离散程度越大，该指标对综合评价的影响越大。因此，可根据各项指标的变异程度，利用信息熵这个工具，计算出各个指标的权重，为多指标综合评价提供依据。

熵值法大致分为以下几个步骤：

(1) 选取 n 个年份，m 个指标，则为第 i 个年份的第 j 个指标的数值。(i = 1, 2, …, n; j = 1, 2, …, m)

(2) 指标的标准化处理：异质指标同质化。

由于各项指标的计量单位并不统一，因此在用它们计算综合指标前，我们先要对它们进行标准化处理，即把指标的绝对值转化为相对值，从而解决各项不同质指标值的同质化问题。而且，由于正向指标和负向指标数值代表的含义不同（正向指标数值越高越好，负向指标数值越低越好），因此，对于高低指标我们用不同的算法进行数据标准化处理。其具体方法如下：

$$正向指标：R_{ij} = \frac{x_{ij} - minx_{ij}}{maxx_{ij} - minx_{ij}} \tag{5-6}$$

$$负向指标：R_{ij} = \frac{maxx_{ij} - x_{ij}}{maxx_{ij} - minx_{ij}} \tag{5-7}$$

R_{ij} 则为第 i 个年份的第 j 个指标的数值。(i = 1, 2, …, n; j = 1, 2, …, m)。

(3) 计算第 j 项指标下第 i 个年份占该指标的比重 W_{ij}。

$$W_{ij} = \frac{R_{ij}}{\sum_{i=1}^{n} R_{ij}} \tag{5-8}$$

(4) 计算第 j 项指标的熵值 e_j。

$$e_j = -k \sum_{i=1}^{n} W_{ij} \ln(W_{ij}) \tag{5-9}$$

$$k = \frac{1}{\ln(n)} \tag{5-10}$$

(5) 计算第 j 项指标的差异系数 d_j。对第 j 项指标，指标值的差异越大，对方案评价的左右就越大，熵值就越小，定义差异系数。

$$d_j = 1 - e_j \qquad (5-11)$$

（6）求权值 P_j。

$$P_j = \frac{d_j}{\sum_{j=1}^{m} d_j} \qquad (5-12)$$

（7）计算各地区的综合得分。

耦合协调模型源于物理学中的容量耦合系数模型，最初由廖重斌第一次将该模型运用于社会科学的研究，将其简化成耦合度模型，后经学者的改编，形成了耦合协调度模型。本书在此基础上进行模型的构建：

$$C = \left[\frac{U_1 \times U_2}{(U_1 + U_2)^2}\right]^{\frac{1}{2}} \qquad (5-13)$$

$$U_1 = \sum_{j=1}^{m_1} P_{1j} R_{1ij} \qquad (5-14)$$

$$U_2 = \sum_{j=1}^{m_2} P_{2j} R_{2ij} \qquad (5-15)$$

U_1、U_2分别表示旅游业与农业发展水平的函数，C 表示的是两个系统的耦合度函数，P_{1j}和P_{2j}分别表示旅游业与农业各指标的权重，这些权重在下一节通过熵值法计算得到，R_{1ij}和R_{2ij}分别表示旅游业与农业系统中各指标的无量纲化值，m_1和m_2分别表示旅游业和农业系统中指标的个数，$m_1 + m_2 = m$。C 值所描述的是两个系统间的关联性，然而在部分状况下难以如实地呈现两个系统的真实发展情形。例如，在两个系统的综合评价指数相当或接近但数值都相对略低时，代入上述公式计算，或许会计算出较高的耦合度，这明显与二者发展水平低的实情相违背。因此，为了如实呈现旅游产业与区域经济的状况，在模型中加入参数 T 来衡量一个地区的旅游产业与区域经济发展综合水平，用二者乘积的方根 D 来衡量旅游产业与区域经济的协调发展程度，这样既能够比较真实地反映二者的协调发展程度，也能够很好地反映二者发展水平的高低。具体公式如下：

$$D = (C \times T)^{\frac{1}{2}} \qquad (5-16)$$

$$T = \alpha U_1 + \beta U_2 \qquad (5-17)$$

其中，D 表示耦合协调度，T 为旅游业与农业系统的综合协调指数，α 和 β 为特定权重，根据已有研究结论，这里 $\alpha = 0.6$，$\beta = 0.4$。

各省各指标计算的权重值见附录中表1—表18。

5.2 我国中东西部旅游业与农业协调发展水平的耦合分析

5.2.1 数据来源及处理

本书数据主要来源于 2001—2018 年《广东省统计年鉴》、2001—2018 年《江苏省统计年鉴》、2001—2018 年《山东省统计年鉴》、2001—2018 年《上海市统计年鉴》、2001—2018 年《浙江省统计年鉴》、2001—2018 年《河北省统计年鉴》、2001—2018 年《四川省统计年鉴》、2001—2018 年《陕西省统计年鉴》、2001—2018 年《重庆市统计年鉴》、2001—2018 年《广西统计年鉴》、2001—2018 年《云南省统计年鉴》、2001—2018 年《内蒙古统计年鉴》、2001—2018 年《河南省统计年鉴》、2001—2018 年《湖北省统计年鉴》、2001—2018 年《湖南省统计年鉴》、2001—2018 年《安徽省统计年鉴》、2001—2018 年《江西省统计年鉴》、2001—2018 年《山西省统计年鉴》等，2001—2018 年《我国旅游统计年鉴》，全球统计数据/分析平台（eps）数据库里各省份统计数据库、我国劳动经济数据库、中国三农数据库、中国第三产业数据库、中国旅游数据库等。

本书将搜集整理的所有数据按照式（5-6）、式（5-7）进行无量纲化处理，再将所得数据代入式（5-14）与式（5-15）分别计算出旅游业与农业发展水平的量化数值，再将旅游业与农业发展水平的量化数值代入式（5-13）和式（5-17）分别算出两个系统耦合度和协调指数，最后将这两个值代入式（5-16）算出协调耦合度。耦合协调度计算结果见附录中表19—表21。

为配合之后的数据分析，根据前人耦合度和耦合协调度的研究阶段划分，特引入耦合度和耦合协调度等级划分标准，如表5-3所示。

表 5-3　耦合度和耦合协调度等级划分标准

耦合度（C）	耦合阶段	耦合协调度（D）	协调耦合阶段
0＜C≤0.3	分离阶段	0＜D≤0.3	低协调耦合阶段
0.3＜C≤0.5	拮抗阶段	0.3＜D≤0.5	中协调耦合阶段
0.5＜C≤0.8	磨合阶段	0.5＜D≤0.8	高协调耦合阶段
0.8＜C≤1.0	耦合阶段	0.8＜D≤1.0	极协调耦合阶段

5.2.2　东部旅游业与农业协调发展水平的耦合分析

由表 5-3 中数据分析得东部六省（市）旅游业与农业协调发展水平的综合评价值及耦合协调程度如表 5-4 至表 5-9 和图 5-1 所示。

从表 5-4 中数据可以看到，2000—2005 年广东省旅游业与农业交互处于低协调耦合阶段，2006—2010 年处于中协调耦合阶段，2011—2017 年则处于高协调耦合阶段。其旅游业与农业耦合度最低为 2000 年的 0.175949235、最高为 2017 年的 0.751432600，提升了 0.575483365，实现了由分离阶段到磨合阶段的转变。2009—2010 年是耦合度快速提升时期。

表 5-4　广东省旅游业与农业协调发展水平的综合评价值及耦合协调程度

年份	C	耦合度阶段	D	耦合协调度阶段
2000	0.175949235	分离阶段	0.188373016	低协调耦合阶段
2001	0.206061933	分离阶段	0.214086719	
2002	0.216070608	分离阶段	0.218871895	
2003	0.233923090	分离阶段	0.236329022	
2004	0.280150679	分离阶段	0.281170581	
2005	0.296141532	分离阶段	0.294769189	
2006	0.305956107	拮抗阶段	0.302919383	中协调耦合阶段
2007	0.327582701	拮抗阶段	0.324290058	
2008	0.351684688	拮抗阶段	0.348610596	
2009	0.401362079	拮抗阶段	0.398944271	
2010	0.461887961	拮抗阶段	0.460201811	
2011	0.499839295	拮抗阶段	0.501054337	高协调耦合阶段
2012	0.548634341	磨合阶段	0.553034079	
2013	0.585109238	磨合阶段	0.593988861	

续表

年份	C	耦合度阶段	D	耦合协调度阶段
2014	0.628614288	磨合阶段	0.642100107	高协调耦合阶段
2015	0.652095527	磨合阶段	0.675022567	
2016	0.711694777	磨合阶段	0.738008753	
2017	0.751432600	磨合阶段	0.786562876	

旅游业与农业的耦合度数据特征表明，2000—2005年，广东旅游市场正逐步从海外市场向省、省及海外市场、国内旅游、入境旅游、海外旅游热潮三大发展阶段迈进，它是全国第一个主要旅游市场已形成规模为数不多的省份之一。目前，广东省大力发展旅游业，不重视农业的发展，农业发展对旅游援助的介绍并不明显，因此耦合性较弱；此外，2010年亚运会将对促进广东省旅游业的发展起到重要作用，广东省的农业进程对促进旅游业的发展起到了促进作用，农业为旅游业的发展创造了条件。发展休闲旅游、乡村旅游，在旅游资源丰富的农村地区，充分利用旅游资源的优势，发展旅游项目，在此基础上改变农村原产地制度，让村民参与旅游项目的投资和开发，以实现农村财富双赢、发展旅游业的目标。

从表5-5中数据可以看到，2000—2004年江苏省旅游业与农业交互处于低协调耦合阶段，2005—2010年处于中协调耦合阶段，2011—2017年上升为高协调耦合阶段。其旅游业与农业耦合度最低为2000年的0.107342900、最高为2016年的0.731932004，提升了0.624589104，实现了由分离阶段到磨合阶段的转变。2000—2001年是耦合度快速提升时期。

表5-5 江苏省旅游业与农业协调发展水平的综合评价值及耦合协调程度

年份	C	耦合度阶段	D	耦合度协调阶段
2000	0.107342900	分离阶段	0.148612816	低协调耦合阶段
2001	0.190176622	分离阶段	0.223500638	
2002	0.245274839	分离阶段	0.261454689	
2003	0.241737456	分离阶段	0.242892228	
2004	0.298444260	分离阶段	0.296935578	
2005	0.318548580	拮抗阶段	0.315314726	中协调耦合阶段
2006	0.366893655	拮抗阶段	0.363323723	
2007	0.358021169	拮抗阶段	0.359000847	

续表

年份	C	耦合度阶段	D	耦合度协调阶段
2008	0.412497474	拮抗阶段	0.412692075	中协调耦合阶段
2009	0.452165207	拮抗阶段	0.454428737	
2010	0.482453439	拮抗阶段	0.489301661	
2011	0.537378164	磨合阶段	0.545603506	高协调耦合阶段
2012	0.575766113	磨合阶段	0.589057970	
2013	0.618357307	磨合阶段	0.635838691	
2014	0.650291136	磨合阶段	0.673785376	
2015	0.679861501	磨合阶段	0.709960221	
2016	0.731932004	磨合阶段	0.765011140	
2017	0.710885194	磨合阶段	0.739899215	

旅游业与农业的耦合度数据特征表明，2000—2004 年，江苏省旅游业从最初的自然增长和机缘增长进入具有竞争力的买方增长市场。旅游业的竞争在很大程度上成为客源市场的竞争，旅游区在游客的数量和质量上占有一定比重，这是保证旅游业发展的关键。当时，江苏省大力发展电子商务旅游，摒弃了传统的旅游方式，将旅游业作为另一个发展起点，生态旅游成为其发展的重要目标；在个别农村地区开展乡村渔业旅游和开发乡村水上旅游的试点项目，促进旅游和农业共同发展，2011—2017 年，江苏省继续发展生态乡村旅游，把休闲旅游逐步作为发展重点，同时，全省各大高校也注重提高旅游专业，培养旅游人才，规划旅游业的未来发展。

从表 5-6 中数据可以看到，2000 年山东省旅游业与农业交互处于低协调耦合阶段，2001—2011 年处于中协调耦合阶段，2011—2017 年上升为高协调耦合阶段。其旅游业与农业耦合度最低为 2000 年的 0.291050407、最高为 2017 年的 0.62071461，提升了 0.329664203，实现了由分离阶段到磨合阶段的转变。2003—2004 年是耦合度快速提升时期。

表 5-6　山东省旅游业与农业协调发展水平的综合评价值及耦合协调程度

年份	C	耦合度阶段	D	耦合度协调阶段
2000	0.291050407	分离阶段	0.289773882	低协调耦合阶段
2001	0.374439620	拮抗阶段	0.370796330	中协调耦合阶段
2002	0.327381191	拮抗阶段	0.325707474	
2003	0.326185894	拮抗阶段	0.328843593	
2004	0.428179350	拮抗阶段	0.425597006	

续表

年份	C	耦合度阶段	D	耦合度协调阶段
2005	0.336655082	拮抗阶段	0.334462015	
2006	0.317344274	拮抗阶段	0.314667143	
2007	0.409813833	拮抗阶段	0.406519978	
2008	0.468297912	拮抗阶段	0.463731471	中协调耦合阶段
2009	0.393730035	拮抗阶段	0.392335186	
2010	0.446768344	拮抗阶段	0.446911145	
2011	0.498542518	拮抗阶段	0.499741030	
2012	0.518391891	磨合阶段	0.519397472	
2013	0.526898512	磨合阶段	0.531517043	
2014	0.554606012	磨合阶段	0.562130278	高协调耦合阶段
2015	0.592140122	磨合阶段	0.600471228	
2016	0.587158048	磨合阶段	0.605863711	
2017	0.620714610	磨合阶段	0.646250688	

旅游业与农业的耦合度数据特征表明，2001年，山东省评审委员会对其旅游发展总体规划进行了评审。山东省政府委托世界旅游组织指示丹麦某集团制定山东省旅游业发展规划，以便正确评估山东省旅游业的发展，科学预测客源市场发展趋势，特别是国际客源市场，并在此基础上进行科学预测。使旅游开发、市场定位、旅游资源开发和产品设计、支撑和安全系统开发等方面的战略思路和设计面向未来，创新面向未来，并在2002—2011年根据本方案，逐步走向国际化和商业化；2012—2017年，山东省生态旅游和乡村旅游具有一定规模，并在此基础上探索出其他旅游模式。

从表5-7中数据可以看到，2000—2011年上海市旅游业与农业交互处于中协调耦合阶段，2012—2017年上升为高协调耦合阶段。其旅游业与农业耦合度最低为2000年的0.298184768、最高为2017年的0.567158761，提升了0.268973993，实现了由分离阶段到磨合阶段的转变。2000—2001年是耦合度快速提升时期。

表5-7 上海市旅游业与农业协调发展水平的综合评价值及耦合协调程度

年份	C	耦合度阶段	D	耦合度协调阶段
2000	0.298184768	分离阶段	0.301841109	
2001	0.351283301	拮抗阶段	0.348741364	中协调耦合阶段
2002	0.407138646	拮抗阶段	0.403202883	

续表

年份	C	耦合度阶段	D	耦合度协调阶段
2003	0.323511570	拮抗阶段	0.320449196	中协调耦合阶段
2004	0.346843649	拮抗阶段	0.345586784	
2005	0.355020427	拮抗阶段	0.360038681	
2006	0.377499593	拮抗阶段	0.379462813	
2007	0.391227734	拮抗阶段	0.391866153	
2008	0.405000510	拮抗阶段	0.404321754	
2009	0.423037713	拮抗阶段	0.424732042	
2010	0.449747782	拮抗阶段	0.456007109	
2011	0.493877263	拮抗阶段	0.496919861	
2012	0.506912188	磨合阶段	0.513271111	高协调耦合阶段
2013	0.506601733	磨合阶段	0.520892173	
2014	0.509223314	磨合阶段	0.517376066	
2015	0.522472726	磨合阶段	0.535348865	
2016	0.522485198	磨合阶段	0.542166350	
2017	0.567158761	磨合阶段	0.587797826	

旅游业与农业的耦合度数据特征表明，2000—2011 年，上海市旅游业的发展已经比较成熟，但该地区的发展仍然局限于上海和联邦政府等经济发达地区的历史文化景观。2010 年世界博览会后，上海保留了"四馆轴"，世博园成为旅游景点、会展中心、国际文化交流中心，使上海的旅游资源和上海的世界博览会，建立在黄浦江大桥、国际机场等主要城市建设项目，大大提高了上海的旅游竞争力，因此，上海旅游业具有更广阔的发展前景。2012—2017 年，上海着力改善自然环境，综合治理环境，将旅游发展方向向全国转移，结合农村旅游、农业、生态旅游等农业、农业和旅游业，使两个行业都能推动对方的发展。

从表 5-8 中数据可以看到，2000—2003 年浙江省旅游业与农业交互处于低协调耦合阶段，2004—2005 年处于中协调耦合阶段，2006 年下降为低协调耦合阶段，2007—2010 年上升为中协调耦合阶段，2011 年上升为高协调耦合阶段，但 2012—2017 年仍然保持中协调耦合阶段。其旅游业与农业耦合度最低为 2001 年的 0.257716120、最高为 2011 年的 0.499790529，提升了 0.242074409，实现了由分离阶段到拮抗阶段的转变。2010—2011 年是耦合度快速提升时期。

表5-8 浙江省旅游业与农业协调发展水平的综合评价值及耦合协调程度

年份	C	耦合度阶段	D	耦合度协调阶段
2000	0.289583889	分离阶段	0.295760693	低协调耦合阶段
2001	0.257716120	分离阶段	0.255434249	
2002	0.298490874	分离阶段	0.297268946	
2003	0.299738364	分离阶段	0.297463642	
2004	0.358059798	拮抗阶段	0.355746656	中协调耦合阶段
2005	0.312031986	拮抗阶段	0.309745641	中协调耦合阶段
2006	0.288124712	分离阶段	0.288169095	低协调耦合阶段
2007	0.360817775	拮抗阶段	0.358137379	中协调耦合阶段
2008	0.379871130	拮抗阶段	0.381041189	
2009	0.366409227	拮抗阶段	0.374055779	
2010	0.449766408	拮抗阶段	0.459934243	
2011	0.499790529	拮抗阶段	0.507268026	高协调耦合阶段
2012	0.428782694	拮抗阶段	0.436660867	中协调耦合阶段
2013	0.404484877	拮抗阶段	0.407283399	
2014	0.381797428	拮抗阶段	0.387865101	
2015	0.420705951	拮抗阶段	0.430003408	
2016	0.440267916	拮抗阶段	0.454624601	
2017	0.455061559	拮抗阶段	0.478244206	

旅游业与农业的耦合度数据特征表明，2000—2003年，浙江省已开始发展生态旅游，探索其可持续发展，当时农业尚未成为浙江省发展的重点；2004—2005年浙江省被列为国家生态省建设五个试点省份之一，发展生态产业、有机农业，大力发展生态旅游，研究开发多类型、多层次、多主题系列生态旅游产品；2006年，浙江省结合自身实际情况，由政府为企业创造良好的社会环境，加大人才培养力度，建设具有旅游特色的电子商务网站，加强浙江省旅游电子商务；2007—2010年，经过旅游业与农业的联动发展，浙江省的旅游模式仍然比较传统，仍然是旧的"农家乐"发展模式，2011年，乡村旅游发展逐步稳定，因此，森林旅游、休闲农业等的发展趋势也很好，2012—2017年，浙江省深入研究乡村旅游及相关产业，如东道主家庭、美食等都得到了很大的改善，使乡村旅游继续发展。

从表5-9中数据可以看到，2000年河北省旅游业与农业交互处于低协调耦合阶段，2001—2003 年处于中协调耦合阶段，2004—2011 年上升为高协调耦合阶段，2012—2017 年上升为极协调耦合阶段。其旅游业与农业耦合度最低为 2000 年的 0.238252932、最高为 2016 年的 0.933619553，提升了 0.695366621，实现了由分离阶段到耦合阶段的转变。2000—2001 年是耦合度快速提升时期。

表 5-9　河北省旅游业与农业协调发展水平的综合评价值及耦合协调程度

年份	C	耦合度阶段	D	耦合度协调阶段
2000	0.238252932	分离阶段	0.293040979	低协调耦合阶段
2001	0.362897130	拮抗阶段	0.397370120	中协调耦合阶段
2002	0.394442412	拮抗阶段	0.415432703	
2003	0.388031414	拮抗阶段	0.417390017	
2004	0.600454275	磨合阶段	0.596847958	高协调耦合阶段
2005	0.568017569	磨合阶段	0.565828047	
2006	0.608329191	磨合阶段	0.603542091	
2007	0.631207553	磨合阶段	0.624814838	
2008	0.653025244	磨合阶段	0.646743809	
2009	0.705231733	磨合阶段	0.699498214	
2010	0.735128859	磨合阶段	0.733275591	
2011	0.763051404	磨合阶段	0.764880738	
2012	0.813227466	耦合阶段	0.806498442	极协调耦合阶段
2013	0.809380434	耦合阶段	0.808112986	
2014	0.886836758	耦合阶段	0.882942721	
2015	0.917793355	耦合阶段	0.915149952	
2016	0.933619553	耦合阶段	0.931565894	
2017	0.828176660	耦合阶段	0.839743842	

旅游业与农业的耦合度数据特征表明，2000—2003 年，河北省由于旅游业结构不尽如人意，旅游开发建设资金投入不足，旅游基础设施和配套项目、选项部等因素，制约旅游业发展；2004—2011 年，河北省的经济已经有所发展，其旅游业的发展模式也变得多样化，有体育旅游、森林旅游、生态旅游等旅游模式，特别是农业旅游。河北农民旅游中，有农民缺乏旅游意识，旅游消费资金推动河北省旅游农民加大公关力度，选择良好的营销渠道，远近、逐步发展，旅游和观察结合，旅游农民在全省经济的发展序列，促进河北经济的快速发展；2012—2017 年，河北省整合农村旅游与其他产业，使多产业在旅游的基础上相

互促进,共同发展。

从耦合度协调阶段来看,2000—2017 年,东部各省(市)除了浙江省外其他各省均能从中低协调耦合阶段发展到高协调耦合阶段,浙江省从 2000—2017 年始终处于中低协调耦合阶段,主要是农业远远滞后于旅游业导致的,可以从 2000—2017 年浙江省各项农业指标中发现,浙江的农业发展有所衰退,农业从业人员及农业 GDP 占比各项指标均有所下降,其余各地旅游业和农业都能取得较好的发展,两者的相互作用总体上看也在逐年增强,如图 5-1 所示。

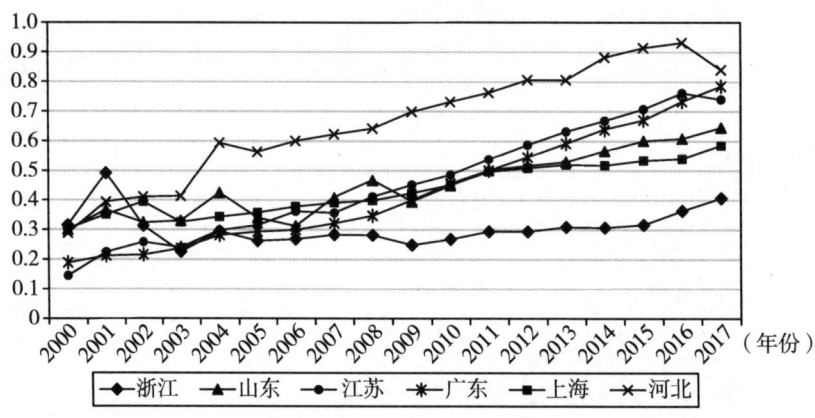

图 5-1　东部六省(市)2000—2017 年耦合协调度

5.2.3　中部旅游业与农业协调发展水平的耦合分析

由表 5-3 中数据分析得中部六省旅游业与农业协调发展水平的综合评价值及耦合协调程度如表 5-10—表 5-15 和图 5-2 所示。

表 5-10　河南省旅游业与农业协调发展水平的综合评价值及耦合协调程度

年份	C	耦合度阶段	D	耦合度协调阶段
2000	0.171766581	分离阶段	0.170850804	低协调耦合阶段
2001	0.306296498	拮抗阶段	0.331257053	中协调耦合阶段
2002	0.179246892	分离阶段	0.177427022	
2003	0.204177816	分离阶段	0.204180598	低协调耦合阶段
2004	0.258606058	分离阶段	0.26081709	
2005	0.513224442	磨合阶段	0.511223537	高协调耦合阶段
2006	0.276381312	分离阶段	0.291437434	低协调耦合阶段

续表

年份	C	耦合度阶段	D	耦合度协调阶段
2007	0.304328095	拮抗阶段	0.321875119	
2008	0.294362709	分离阶段	0.303148467	
2009	0.308091976	拮抗阶段	0.329570443	
2010	0.316999227	拮抗阶段	0.343769428	
2011	0.347450287	拮抗阶段	0.384160542	中协调耦合阶段
2012	0.368953235	拮抗阶段	0.40686859	
2013	0.387463393	拮抗阶段	0.430019696	
2014	0.421676838	拮抗阶段	0.46540214	
2015	0.435098182	拮抗阶段	0.489576879	
2016	0.459400218	拮抗阶段	0.528565817	高协调耦合阶段
2017	0.492957759	拮抗阶段	0.569878615	

从表 5-10 中数据可以看到，2000 年河南省旅游业与农业交互处于低协调耦合阶段，2001 年上升为中协调耦合阶段，2002—2004 年处于低协调耦合阶段，2005 年上升为高协调耦合阶段，2006 年下降至低协调耦合阶段，2007—2015 年处于中协调耦合阶段，2016—2017 年处于高协调耦合阶段。其旅游业与农业耦合度最低为 2000 年的 0.171766581、最高为 2005 年的 0.513224442，提升了 0.341457861，实现了由分离阶段到磨合阶段的转变。2004—2005 年是耦合度快速提升时期。

旅游业与农业的耦合度数据特征表明，2000—2001 年，河南省拥有得天独厚的资源优势，地处中原，历史悠久，古迹甚多，风光旖旎，且旅游资源集中分布，但由于其原有基础太差，受到财力、人力等条件限制，加上经验不足，所以一直未能将旅游业发展起来；2002—2004 年，河南省生态环境的保护和环境污染的方式工作已全面开展，旅游服务的设施也日趋完备，为向全面建成小康社会的目标奋进，河南省认为旅游业能够为经济发展带来巨大的推动作用；2005—2006 年，河南是农业大省，其发展乡村旅游优势明显，潜力巨大，但由于起步晚，发展较为缓慢，且旅游项目单一，卫生条件有待改善，人员素质也不够高，导致乡村旅游一直处于止步不前的状态；2007—2015 年，此阶段为河南乡村旅游快速发展的时期。在改善了旅游硬件设施的条件下，河南省找到自身旅游特色，在"土"和"农"上下足功夫，策划专题村、主题农家院，还加强宣传促销力度，推广特色乡村文化旅游品牌，进行市场化运作，促进河南乡村旅游全面发展；2016—2017 年，旅游扶贫问题逐渐浮出水面，河南省对此提出了多种针对性策略，开发旅游扶贫，为农民创造许多新的工作岗位，不仅解决了部分农民就业苦难问题，增加了农民收入，也为旅游景区带来了大量的劳动力，更有利于乡村旅游的发展。

从表 5 – 11 中数据可以看到，2000—2007 年湖北省旅游业与农业交互处于低协调耦合阶段，2008—2009 年上升为中协调耦合阶段，2010 年下降至低协调耦合阶段，2011—2016 年处于中协调耦合阶段，2017 年上升至高协调耦合阶段。其旅游业与农业耦合度最低为 2001 年的 0.124651564、最高为 2017 年的 0.602343715，提升了 0.477692151，实现了由分离阶段到磨合阶段的转变。2016—2017 年是耦合度快速提升时期。

表 5 – 11　湖北省旅游业与农业协调发展水平的综合评价值及耦合协调程度

年份	C	耦合度阶段	D	耦合度协调阶段
2000	0.232517376	分离阶段	0.241706979	低协调耦合阶段
2001	0.124651564	分离阶段	0.124186936	
2002	0.271700606	分离阶段	0.2858594	
2003	0.244318807	分离阶段	0.242611232	
2004	0.246081762	分离阶段	0.250160345	
2005	0.214788993	分离阶段	0.240387187	
2006	0.297608062	分离阶段	0.296343887	
2007	0.229020257	分离阶段	0.234984678	
2008	0.312672111	拮抗阶段	0.338165202	中协调耦合阶段
2009	0.294762809	分离阶段	0.314229766	
2010	0.274801536	分离阶段	0.291291091	低协调耦合阶段
2011	0.345136305	拮抗阶段	0.378605273	中协调耦合阶段
2012	0.328045815	拮抗阶段	0.343077274	
2013	0.30936045	拮抗阶段	0.325687802	
2014	0.408862941	拮抗阶段	0.455053666	
2015	0.377710936	拮抗阶段	0.410994976	
2016	0.398375365	拮抗阶段	0.430853697	
2017	0.602343715	磨合阶段	0.636815562	高协调耦合阶段

旅游业与农业的耦合度数据特征表明，2000—2007 年，湖北省的入境旅游发展良好，但是在其收入中，交通所占比例过大，娱乐、购物收入所占比重低

于全国平均水平，由此可见，湖北省旅游业仍然处于较低水平的发展层次上，因此湖北省对其旅游产业结构展开分析，将其资源优势充分利用起来，转化为具有竞争力的产品优势；2008—2009 年，湖北省意识到生态旅游开展的重要性，因此，这一阶段的旅游开发重点主要是以大自然为舞台，以高雅科学文化为内涵，以生态学思想为设计指导，以休闲、度假、健身、求知和探索为载体，建立使旅游者参与性强、品位高雅、形式多样的旅游产品；2010 年，湖北省旅游经济发展较为不平衡，此时其开展的生态旅游必须建立在生态环境的承载能力之上，否则不仅无法获得经济效益，还会对生态环境造成负面影响；2011—2016年，湖北省的基础设施建设逐渐与旅游经济发展同步起来，同时，针对此地特有的荆楚文化，湖北省特意发展文化旅游，开发了许多创意性旅游产品，使游客耳目一新；2017 年，乡村旅游在湖北的发展逐步稳定并占据一定地位，由于湖北旅游资源丰富，文化底蕴深厚，区位优势明显，旅游交通便利，所以开展乡村旅游可以对小城镇建设持续发展提供强大动力和有力保障。

从表 5-12 中数据可以看到，2000—2003 年湖南省旅游业与农业交互处于低协调耦合阶段，2004 年上升为中协调耦合阶段，2005—2007 年下降至低协调耦合阶段，2008 年处于中协调耦合阶段，2009 年处于低协调耦合阶段，2010—2013 年上升至中协调耦合阶段，2014—2017 年处于高协调耦合阶段。其旅游业与农业耦合度最低为 2003 年的 0.207243627、最高为 2017 年的 0.652704783，提升了 0.445461156，实现了由分离阶段到磨合阶段的转变。2015—2016 年是耦合度快速提升时期。

表 5-12　湖南省旅游业与农业协调发展水平的综合评价值及耦合协调程度

年份	C	耦合度阶段	D	耦合度协调阶段
2000	0.266209839	分离阶段	0.272897082	低协调耦合阶段
2001	0.257992866	分离阶段	0.260092807	
2002	0.218085461	分离阶段	0.221172313	
2003	0.207243627	分离阶段	0.209398063	
2004	0.340230365	拮抗阶段	0.33726394	中协调耦合阶段
2005	0.297981046	分离阶段	0.294957511	低协调耦合阶段
2006	0.239458275	分离阶段	0.24134556	
2007	0.291678161	分离阶段	0.289669347	
2008	0.334687538	拮抗阶段	0.332046987	中协调耦合阶段

续表

年份	C	耦合度阶段	D	耦合度协调阶段
2009	0.294660532	分离阶段	0.29436728	低协调耦合阶段
2010	0.416263749	拮抗阶段	0.414949974	中协调耦合阶段
2011	0.452911297	拮抗阶段	0.450145615	
2012	0.462593357	拮抗阶段	0.4633832	
2013	0.461384798	拮抗阶段	0.467709482	
2014	0.502881764	磨合阶段	0.509883666	高协调耦合阶段
2015	0.519288043	磨合阶段	0.53469095	
2016	0.626046152	磨合阶段	0.650038312	
2017	0.652704783	磨合阶段	0.704129218	

旅游业与农业的耦合度数据特征表明，2000—2003年，湖南省有着神秘的民族文化，美丽的自然景观，丰富的农业旅游资源，因此很快开始开展乡村旅游并取得良好效果；2004年，随着我国经济的持续增长，居民收入的增加、休闲时间的增加和居民观念的转变，回归自然，感受绿色的旅游需求观念成为旅游发展的大趋势。为满足居民的需要，湖北省大力发展旅游休闲农业，让乡亲们在乡村享受田园风光，体验乡村风情；2005—2007年，我国国内旅游持续升温，居民回归自然意愿有所改善，乡村旅游越来越受到游客青睐。湖南有着独特的地域文化、不同的民族风情、浓郁的乡村景观，具有发展特色乡村生态旅游的条件。然而，由于农村生态旅游的真实性和农村生态的相对脆弱，湖南必须走一条可持续的生态道路。因此，在充分理解客观现实的基础上，湖南加强市场文化、产品文化和环境建设，丰富和扩大旅游形式，以满足当前的市场需求。2010—2013年，低碳旅游作为发展旅游的典范，管理低碳经济已成为湖南省旅游业发展的必然选择。湖南省在开发低碳旅游资源、文化效益、产品效益和政治效益方面具有得天独厚的优势。为建设旅游强省，走绿色旅游和低碳旅游之路，治理湖南省、企业、公众三大主体，从事低碳文化旅游，开发湖南低碳旅游产品，低碳旅游要素的实践，创新低碳旅游管理体系；2014—2017年，旅游业为文化创意产业的发展提供了新的空间，文化创意产业的创新冲击和发展为旅游业的发展带来了新的动力，促进了湖南省旅游业的现代化发展。

从表5-13中数据可以看到，2000年安徽省旅游业与农业交互处于中协调耦合阶段，2001年下降至低协调耦合阶段，2002—2004年处于中协调耦合阶段，2005年下降至低协调耦合阶段，2006—2008年上升至中协调耦合阶段，2009—

2010 年处于低协调耦合阶段，2011—2016 年上升至中协调耦合阶段，2017 年处于高协调耦合阶段。其旅游业与农业耦合度最低为 2009 年的 0.225831521、最高为 2017 年的 0.511074978，提升了 0.285243457，实现了由分离阶段到磨合阶段的转变。2016—2017 年是耦合度快速提升时期。

表 5-13　安徽省旅游业与农业协调发展水平的综合评价值及耦合协调程度

年份	C	耦合度阶段	D	耦合度协调阶段
2000	0.291508073	分离阶段	0.304095029	中协调耦合阶段
2001	0.281448779	分离阶段	0.293660474	低协调耦合阶段
2002	0.294678653	分离阶段	0.307852018	中协调耦合阶段
2003	0.365220419	拮抗阶段	0.361654928	
2004	0.333492773	拮抗阶段	0.339110333	
2005	0.282467931	分离阶段	0.285435544	低协调耦合阶段
2006	0.307609841	拮抗阶段	0.312139847	中协调耦合阶段
2007	0.340802639	拮抗阶段	0.34378518	
2008	0.337883122	拮抗阶段	0.339233027	
2009	0.225831521	分离阶段	0.223578847	低协调耦合阶段
2010	0.258039929	分离阶段	0.255777451	
2011	0.336762164	拮抗阶段	0.333429654	中协调耦合阶段
2012	0.350252226	拮抗阶段	0.34740829	
2013	0.343146117	拮抗阶段	0.339663433	
2014	0.364461785	拮抗阶段	0.360775873	
2015	0.407989272	拮抗阶段	0.406235758	
2016	0.450680409	拮抗阶段	0.449425279	
2017	0.511074978	磨合阶段	0.516482548	高协调耦合阶段

旅游业与农业的耦合度数据特征表明，2000 年，安徽省为建设"两山一湖"世界级旅游胜地做准备；2001 年，安徽省已逐渐转变观念，等待政府投入资金，然后发展旅游业，就连旅游景点本身也开始增加广告；2002—2004 年，安徽省旅游业产品结构需要调整，缺乏活力，缺乏本地消费，个人化、参与式旅游消费需求的变化已难以适应；2005 年，随着区域竞争日趋激烈，旅游发展的初期阶段不复存在，区域市场环境尚未独立发展。经济相对滞后的安徽省，在区域竞争加剧的情况下，处境日益不利；从 2006 年到 2016 年，安徽旅游经过一段时间的努力，开始将第一批成果集中在品牌设计上。"旅游难忘安徽"已发展成为

安徽主要旅游品牌；2017年，在中国旅游协会、《中国旅游报》联合举办首届中国旅游产业发展年会，此品牌获评"全国五大旅游品牌"，此后继续将旅游业发扬光大。

从表5-14中数据可以看到，2000—2004年江西省旅游业与农业交互处于低协调耦合阶段，2005年上升为中协调耦合阶段，2006—2007年下降至低协调耦合阶段，2008—2015年处于中协调耦合阶段，2016—2017年上升至高协调耦合阶段。其旅游业与农业耦合度最低为2003年的0.125176783、最高为2017年的0.538065850，提升了0.412889067，实现了由分离阶段到磨合阶段的转变。2003—2004年是耦合度快速提升时期。

表5-14 江西省旅游业与农业协调发展水平的综合评价值及耦合协调程度

年份	C	耦合度阶段	D	耦合度协调阶段
2000	0.186519926	分离阶段	0.187131745	低协调耦合阶段
2001	0.125313418	分离阶段	0.126553662	
2002	0.150030240	分离阶段	0.149800259	
2003	0.125176783	分离阶段	0.126733824	
2004	0.225919348	分离阶段	0.236756306	
2005	0.328294886	拮抗阶段	0.334518526	中协调耦合阶段
2006	0.300603220	拮抗阶段	0.299520971	低协调耦合阶段
2007	0.261021569	分离阶段	0.259808510	
2008	0.347893502	拮抗阶段	0.350739283	中协调耦合阶段
2009	0.304312282	拮抗阶段	0.301897594	
2010	0.327140149	拮抗阶段	0.325581178	
2011	0.370200748	拮抗阶段	0.367649553	
2012	0.399034087	拮抗阶段	0.396526673	
2013	0.374604368	拮抗阶段	0.381243944	
2014	0.427219230	拮抗阶段	0.438483488	
2015	0.455064466	拮抗阶段	0.476105889	
2016	0.485941075	拮抗阶段	0.528208464	高协调耦合阶段
2017	0.538065850	磨合阶段	0.585664740	

旅游业与农业的耦合度数据特征表明，2000—2004年，江西省将逐步改变旅游发展方向，从传统的住宅旅游向森林旅游转变，同时，根据国内外客户的需求，充分利用旅游资源，并开发一系列旅游产品，逐步形成自己的精品；

2005年，江西发展潜力巨大，旅游资源丰富，山水独特，其红色文化，道教文化和瓷器文化每年都吸引着无数的游客。2006—2007年，江西与周边七省区开展区域旅游合作，一方面，为整合资源，要打造品牌，连接线路；另一方面，积极扩大市场、注入资金。经过江西与七省的发展，区域定位、多边合作框架、相互目标互市、促进江西与周边地区全球合作和旅游发展；2008—2015年，新的旅游，新的经验，新的时尚要求出现，江西以能源促进乡村旅游，充分利用丰富的乡村旅游资源，以实现乡村旅游，并获得良好的经济效益和社会效益；2016—2017年，江西人均GDP仍居全国低水平。但江西地处我国腹地，拥有丰富的自然资源和人文旅游资源，其始终坚持的"发展是硬道理"发展理念，抓住各种人文旅游机遇使江西走绿色发展之路，省政府根据省情，做出非常明智和正确的选择，逐步改善江西的旅游基础设施，为生态旅游发展产业提供保障。

从表5-15中数据可以看到，2000—2004年山西省旅游业与农业交互处于低协调耦合阶段，2005年上升为中协调耦合阶段，2006—2007年下降至低协调耦合阶段，2008—2012年处于中协调耦合阶段，2013—2017年上升至高协调耦合阶段。其旅游业与农业耦合度最低为2001年的0.129568748、最高为2017年的0.614772317，提升了0.485203569，实现了由分离阶段到磨合阶段的转变。2012—2013年是耦合度快速提升时期。

表5-15 山西省旅游业与农业协调发展水平的综合评价值及耦合协调程度

年份	C	耦合度阶段	D	耦合度协调阶段
2000	0.180786374	分离阶段	0.212632393	
2001	0.129568748	分离阶段	0.133152790	
2002	0.191239638	分离阶段	0.196248882	低协调耦合阶段
2003	0.185089955	分离阶段	0.198842553	
2004	0.254504390	分离阶段	0.254660620	
2005	0.298887614	分离阶段	0.301566463	中协调耦合阶段
2006	0.270480211	分离阶段	0.267907444	低协调耦合阶段
2007	0.283265703	分离阶段	0.280770373	
2008	0.330545232	拮抗阶段	0.330169398	
2009	0.454844145	拮抗阶段	0.450227417	
2010	0.451703325	拮抗阶段	0.447934899	中协调耦合阶段
2011	0.448493196	拮抗阶段	0.450170535	
2012	0.452771281	拮抗阶段	0.459474346	

续表

年份	C	耦合度阶段	D	耦合度协调阶段
2013	0.539922108	磨合阶段	0.541453122	
2014	0.547462847	磨合阶段	0.573900767	
2015	0.523975847	磨合阶段	0.544406459	高协调耦合阶段
2016	0.553234933	磨合阶段	0.585000438	
2017	0.614772317	磨合阶段	0.650520159	

旅游业与农业的耦合度数据特征表明，2000—2004年，山西省由于旅游景点缺乏吸引力，景区管理不恰当不规范，资金严重匮乏，再加上景区宰客问题严重，一直很难将旅游业发展起来；2005年，山西省指出发展旅游业对于调整经济结构、内需扩大、经济增长推动，以及社会进步、满足人民的物质文化生活需要有着重要作用；山西必须从实际出发，适应国际经济发展大趋势，大力发展以旅游经济为主的服务产业，充分利用自身的优势，使旅游业成为21世纪山西省经济的强劲增长点；2006—2007年，有人意识到山西省具有其自身的旅游资源优势，并想要通过发展森林旅游来改变游客对于山西省的刻板印象；2008—2012年，山西省因地制宜，合理开展生态农业旅游，实施功能分区的开发模式，积极发挥社区参与的作用，充分利用现有的旅游资源；2013—2017年，在低碳经济发展的背景下，绿色旅游已经成为低碳经济发展的重要支撑。除了发展生态农业旅游之外，山西省在创意旅游的视角下还开发了其他许多与绿色生态相结合的旅游模式。"绿水青山就是金山银山"，山西省正着力打造一个绿色山西以供游客健康游玩。

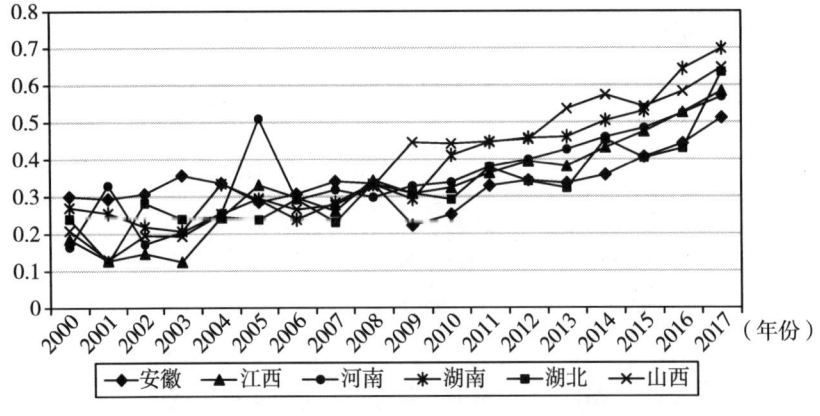

图5-2 中部六省2000—2017年耦合协调度

中部各省相对于西部部分省份来说，区位相对较好且地理环境适合农业发展，因此，2000—2017 年的各省旅游业与农业耦合协调程度均能不断提高，旅游业与农业由各自无序发展向有序协调发展方向发展，在近年来都能逐步达到高度耦合协调阶段，但是总体上略低于东部大部分城市，可以通过旅游业和农业的产业耦合升级，促进两系统的相互作用增强。

5.2.4　西部旅游业与农业协调发展水平的耦合分析

由表 5-3 中数据分析得西部六省（区市）旅游业与农业协调发展水平的综合评价值及耦合协调程度如表 5-16 至表 5-21 和图 5-3 所示。

从表 5-16 中数据可以看到，2000—2007 年四川省旅游业与农业交互处于中协调耦合阶段，2008 年下降为低协调耦合阶段，2009—2012 年上升为中协调耦合阶段，2013 年又再次下降到低协调耦合阶段，2014—2017 年上升为中协调耦合阶段，保持在低、中协调耦合阶段的切换状态。其旅游业与农业耦合度最低为 2008 年的 0.268131799、最高为 2000 年的 0.447775643，减少了 0.179643844，实现了由拮抗阶段到分离阶段的转变。2014—2015 年是耦合度快速提升时期。

表 5-16　四川省旅游业与农业协调发展水平的综合评价值及耦合协调程度

年份	C	耦合度阶段	D	耦合度协调阶段
2000	0.447775643	拮抗阶段	0.451776053	中协调耦合阶段
2001	0.417091875	拮抗阶段	0.414078467	
2002	0.432210015	拮抗阶段	0.428712953	
2003	0.361592325	拮抗阶段	0.357924077	
2004	0.415476365	拮抗阶段	0.411257901	
2005	0.304985860	拮抗阶段	0.304011533	
2006	0.305669775	拮抗阶段	0.303081864	
2007	0.297892641	分离阶段	0.300718611	
2008	0.268131799	分离阶段	0.269818143	低协调耦合阶段
2009	0.288846400	分离阶段	0.313822002	中协调耦合阶段
2010	0.301467973	拮抗阶段	0.324495112	
2011	0.350457417	拮抗阶段	0.363722460	
2012	0.309161888	拮抗阶段	0.314936775	
2013	0.291897233	分离阶段	0.299013491	低协调耦合阶段

续表

年份	C	耦合度阶段	D	耦合度协调阶段
2014	0.297679907	分离阶段	0.307717944	中协调耦合阶段
2015	0.347173622	拮抗阶段	0.362344741	
2016	0.383473321	拮抗阶段	0.408031727	
2017	0.372620063	拮抗阶段	0.397565781	

旅游业与农业的耦合度数据特征表明，2000—2007 年，四川省旅游发展总体水平很低，发展差距比较大，产业规模相对较小，与其优势不成正比，区域旅游的发展也是重点集中在一些旅游线路、旅游中心和周边地区，而大型偏远地区的旅游资源普遍较低；2008 年，由于 2008 年 5 月的自然灾害，四川旅游在地震后出现了预期疲软的状态，但其合理有效地利用了这一时期暂时的疲软，采取机会恢复，保持其正常运作和可持续发展；2009—2012 年，四川汶川地震灾后重建工作全面展开，恢复旅游业列入议程。地震遗址公园区域划界后，经过短暂的重建和发展，四川开始了地震遗址的旅游路径。地震旅游作为一种特殊的旅游产品，其性质不同于大众旅游，但旅游市场仍是旅游活动的前提，四川的旅游消费和需求心理，发展这一产品"黑色旅游"；旅游也应在周边地区，如少数民族村庄，阿坝州，凉山等地发展；2014—2017 年，考虑到四川省的文化共生，生态农业旅游，结合其他相关的旅游特色，开发和发展其他旅游模式。

从表 5-17 中数据可以看到，2000—2002 年陕西省旅游业与农业交互处于低协调耦合阶段，2003 年、2004 年、2005 年先后处于低协调耦合阶段、中协调耦合阶段、低协调耦合阶段，2006—2008 年上升为中协调耦合阶段，2009—2010 年又下降为低协调耦合阶段，2011—2016 年上升为中协调耦合阶段，2017 年处于高协调耦合阶段。其旅游业与农业耦合度最低为 2003 年的 0.235291027、最高为 2017 年的 0.516676777，提升了 0.28138575，实现了由分离阶段到磨合阶段的转变。2003—2004 年是耦合度快速提升时期。

表 5-17　陕西省旅游业与农业协调发展水平的综合评价值及耦合协调程度

年份	C	耦合度阶段	D	耦合度协调阶段
2000	0.393299889	拮抗阶段	0.39026095	中协调耦合阶段
2001	0.380070641	拮抗阶段	0.376243437	
2002	0.367773904	拮抗阶段	0.364043942	
2003	0.235291027	分离阶段	0.235182339	低协调耦合阶段

续表

年份	C	耦合度阶段	D	耦合度协调阶段
2004	0.348987184	拮抗阶段	0.346805309	中协调耦合阶段
2005	0.302349619	拮抗阶段	0.299286834	低协调耦合阶段
2006	0.356860337	拮抗阶段	0.35444583	
2007	0.338344032	拮抗阶段	0.336278567	中协调耦合阶段
2008	0.333496605	拮抗阶段	0.330699408	
2009	0.275339599	分离阶段	0.274033499	低协调耦合阶段
2010	0.295203405	分离阶段	0.292237937	低协调耦合阶段
2011	0.349745621	拮抗阶段	0.347558377	
2012	0.342322957	拮抗阶段	0.342728441	
2013	0.381810781	拮抗阶段	0.38145204	中协调耦合阶段
2014	0.380060121	拮抗阶段	0.377529775	
2015	0.426998033	拮抗阶段	0.427681363	
2016	0.468763655	拮抗阶段	0.477589632	
2017	0.516676777	磨合阶段	0.539760523	高协调耦合阶段

旅游业与农业的耦合度数据特征表明，2000—2002 年，陕西北部的秦巴山脉、关中盆地和黄土高原是三个自然地理区域，南北狭长。自然景观旅游资源丰富多样，保留着良好的生态系统，具有巨大的开发价值，为陕西生态旅游的发展奠定了良好的物质基础；2003—2005 年，陕西省旅游业发展迅速，但横向比较并不令人满意。陕西古老的文化景观不能满足多数人的旅游需求，其吸引力，尤其是对国内游客的吸引力已经减弱；2009—2010 年，陕西省认为自然景观由于资源条件而无法继续发展，而陕西的红色旅游资源极为丰富，故他们研究如何发展红色旅游；2011—2016 年，陕西区域经济竞争程度加强，因此，陕西地区旅游区域合作与增长机制在于旅游业的竞争优势；2017 年，建立社会主义新运动是解决三大问题的重要战略举措。农村建设是时代发展和和谐社会建设的必然前提，对社会主义现代化建设具有长期意义和重要意义。目前，乡村旅游已成为新运动发展的重要组成部分。陕西省已意识到这一问题，鼓励和组织大学生开展农村发展和乡村旅游建设研究。

从表 5-18 中数据可以看到，2000 年重庆市旅游业与农业交互处于低协调耦合阶段，2001 年处于高协调耦合阶段，2002—2016 年下降为低协调耦合阶段，2017 年处于中协调耦合阶段。其旅游业与农业耦合度最低为 2003 年的

0.219759639、最高为 2001 年的 0.653946917，减少了 0.434187278，实现了由磨合阶段到分离阶段的转变。2000—2001 年是耦合度快速提升时期。

表5-18 重庆市旅游业与农业协调发展水平的综合评价值及耦合协调程度

年份	C	耦合度阶段	D	耦合度协调阶段
2000	0.246112334	分离阶段	0.244030368	低协调耦合阶段
2001	0.653946917	磨合阶段	0.652376877	高协调耦合阶段
2002	0.271774771	分离阶段	0.274121462	
2003	0.219759639	分离阶段	0.218999626	
2004	0.258609561	分离阶段	0.258889257	
2005	0.233434312	分离阶段	0.232042000	
2006	0.208834966	分离阶段	0.213567481	
2007	0.242343095	分离阶段	0.241926733	
2008	0.245068544	分离阶段	0.245315307	低协调耦合阶段
2009	0.227101716	分离阶段	0.228108775	
2010	0.247734730	分离阶段	0.248587138	
2011	0.259835546	分离阶段	0.260861090	
2012	0.256972390	分离阶段	0.257264597	
2013	0.255918061	分离阶段	0.254895897	
2014	0.257050717	分离阶段	0.257339362	
2015	0.241896052	分离阶段	0.241072789	
2016	0.283022776	分离阶段	0.285014596	
2017	0.304376293	拮抗阶段	0.308601192	中协调耦合阶段

旅游业与农业的耦合度数据特征表明，2000 年，重庆已经成功申报世界遗产的大型石雕脚，世界文化遗产长江三峡、天坑地缝、金佛山等旅游文化资源，都是重庆的自然宝藏。2001—2016 年，重庆以发展旅游为主业，开发利用这些旅游瑰宝，促进全市旅游业的发展，当时市场水平低、竞争力低，使重庆旅游业在与其他主要区域的合作和竞争中处于被动地位。2017 年，随着我国产业结构改革的逐步深化，第三产业的快速发展，旅游业和文化产业的发展迎来了新机遇。新时期独特的产业模式由于需要创新效益已经难以适应社会发展，不同产业整合、合作发展增强了市场竞争力。鉴于重庆市旅游文化企业的现状，重庆市探索了两者融合的可能性，并展望了两者融合发展的前景。

从表 5-19 中数据可以看到，2000—2013 年广西壮族自治区旅游业与农业交互处于低协调耦合阶段，2014 年上升为中协调耦合阶段，2015—2017 年处于低协调耦合阶段。其旅游业与农业耦合度最低为 2003 年的 0.100909399、最高为 2014 年的 0.480440917，提升了 0.379531518，实现了由分离阶段到拮抗阶段的转变。2013—2014 年是耦合度快速提升时期。

表 5-19　广西壮族自治区旅游业与农业协调发展水平的综合评价值及耦合协调程度

年份	C	耦合度阶段	D	耦合度协调阶段
2000	0.202031263	分离阶段	0.209745376	低协调耦合阶段
2001	0.166376800	分离阶段	0.165603319	
2002	0.107499142	分离阶段	0.108427157	
2003	0.100909399	分离阶段	0.100639659	
2004	0.118131409	分离阶段	0.117730401	
2005	0.112307307	分离阶段	0.112490782	
2006	0.107015493	分离阶段	0.107312676	
2007	0.122734492	分离阶段	0.122245103	
2008	0.120271716	分离阶段	0.120020446	
2009	0.115242944	分离阶段	0.118458514	
2010	0.134421053	分离阶段	0.138073841	
2011	0.149697840	分离阶段	0.151962985	
2012	0.140990719	分离阶段	0.148606481	
2013	0.156520241	分离阶段	0.162909436	
2014	0.480440917	拮抗阶段	0.484907999	中协调耦合阶段
2015	0.236420714	分离阶段	0.275727855	低协调耦合阶段
2016	0.226522433	分离阶段	0.254228318	
2017	0.243714842	分离阶段	0.284061526	

旅游业与农业的耦合度数据特征表明，2000—2013 年，广西旅游资源市场的需求正在迅速增长，旅游业作为广西的经济支柱产业，各市县都在积极寻找旅游资源，一些地方拥有旅游资源，也不断开发建设新的旅游景点，但由于其旅游资源被理解为一个系统，许多地区认为旅游资源是旅游区自然景观和人文景观资源，所以其旅游资源开发建设过于片面，同时，它也忽略了市场需求和旅游资源市场的消费能力，只注重景点观赏性建设，景观开发十分盲目，因此，

旅游业的经济发展并不理想；2014 年，广西生态旅游资源十分丰富，效益明显，具有巨大的发展潜力；2015—2017 年，乡村旅游已成为其发展的一个特点。乡村旅游具有发展难度低、发展速度快、风险低、适应群众消费等特点，在富裕农村地区、地方政府、旅游企业和当地居民都受益于乡村旅游的日益普及。

从表 5-20 中数据可以看到，2000 年云南省旅游业与农业交互处于低协调耦合阶段，2001—2002 年处于中协调耦合阶段，2003 年下降为低协调耦合阶段，2004 年上升为中协调耦合阶段，2005—2010 年处于低协调耦合阶段，2011—2015 年处于中协调耦合阶段，2016—2017 年上升为高协调耦合阶段。其旅游业与农业耦合度最低为 2006 年的 0.224645749、最高为 2017 年的 0.534728702，提升了 0.310082953，实现了由分离阶段到磨合阶段的转变。2010—2011 年是耦合度快速提升时期。

表 5-20　云南省旅游业与农业协调发展水平的综合评价值及耦合协调程度

年份	C	耦合度阶段	D	耦合度协调阶段
2000	0.291318530	分离阶段	0.293392672	低协调耦合阶段
2001	0.303828316	拮抗阶段	0.301839346	中协调耦合阶段
2002	0.319105300	拮抗阶段	0.316966054	
2003	0.259635965	分离阶段	0.262566728	低协调耦合阶段
2004	0.317559694	拮抗阶段	0.318693017	中协调耦合阶段
2005	0.253984185	分离阶段	0.256002618	低协调耦合阶段
2006	0.224645749	分离阶段	0.230632190	
2007	0.267333988	分离阶段	0.274058300	
2008	0.240708685	分离阶段	0.247066638	
2009	0.231518878	分离阶段	0.230228931	
2010	0.239649210	分离阶段	0.237224524	
2011	0.301222439	拮抗阶段	0.304616003	中协调耦合阶段
2012	0.311738173	拮抗阶段	0.310317727	
2013	0.309029520	拮抗阶段	0.308661549	
2014	0.333479113	拮抗阶段	0.330140032	
2015	0.370900225	拮抗阶段	0.370344671	
2016	0.497020478	拮抗阶段	0.504141201	高协调耦合阶段
2017	0.534728702	磨合阶段	0.572530438	

旅游业与农业的耦合度数据特征表明，2000年，云南省旅游资源极为丰富，云南省旅游业年轻、有朝气，发展前景十分广阔；2001—2002年，随着居民消费水平的提高，云南的旅游、餐饮服务蓬勃发展，经营方式逐渐多样化；2003年，云南旅游业仍停留在"小、散、弱、穷"之间，其经济效益并不显著；2004年，在上一年的基础上有所改善，但整体发展和规模仍然不太合理；2005—2010年，他们对旅游业的发展权和自身优势有着深刻的理解，将旅游和文化紧密结合；2011—2015年，云南省正在发展乡村旅游休闲产业；2016—2017年，云南创建创新、生态、旅游、扶贫等新模式，使更多的人摆脱贫困，致富，使云南经济持续增长。

从表5-21中数据可以看到，2000—2002年内蒙古旅游业与农业交互处于中协调耦合阶段，2003年下降为低协调耦合阶段，2004—2009年处于中协调耦合阶段，2010年处于低协调耦合阶段，2011—2017年上升为中协调耦合阶段。2000—2017年内蒙古旅游业与农业在低协调耦合阶段和中协调耦合阶段切换。其旅游业与农业耦合度最低为2010年的0.274979475、最高为2001年的0.485116404，减少了0.210136929，实现了由拮抗阶段到分离阶段的转变。2003—2004年是耦合度快速提升时期。

表5-21　内蒙古旅游业与农业协调发展水平的综合评价值及耦合协调程度

年份	C	耦合度阶段	D	耦合度协调阶段
2000	0.439450658	拮抗阶段	0.43597519	中协调耦合阶段
2001	0.485116404	拮抗阶段	0.482195753	
2002	0.401108671	拮抗阶段	0.397819393	
2003	0.296892916	分离阶段	0.294866819	低协调耦合阶段
2004	0.389817576	拮抗阶段	0.38610816	中协调耦合阶段
2005	0.313788884	拮抗阶段	0.311450019	
2006	0.348087885	拮抗阶段	0.344587808	
2007	0.346921394	拮抗阶段	0.343539151	
2008	0.344601702	拮抗阶段	0.341572497	
2009	0.313505373	拮抗阶段	0.312352065	
2010	0.274979475	分离阶段	0.27429273	低协调耦合阶段
2011	0.324601811	拮抗阶段	0.321310188	中协调耦合阶段
2012	0.333604245	拮抗阶段	0.333536697	
2013	0.376172489	拮抗阶段	0.376281474	

续表

年份	C	耦合度阶段	D	耦合度协调阶段
2014	0.359127016	拮抗阶段	0.372519965	中协调耦合阶段
2015	0.361157858	拮抗阶段	0.373400727	
2016	0.368428252	拮抗阶段	0.391834127	
2017	0.412509222	拮抗阶段	0.454554397	

旅游业与农业的耦合度数据特征表明，2000—2002 年，假日经济现象的出现，对内蒙古旅游业产生了很大的影响。内蒙古依靠其地区的自然条件和环境，逐渐发展其旅游业；2003 年，内蒙古仅限于开发一些原始景点、草地和沙漠奇观，以及一些少数民族的活泼习俗；2004—2009 年，随着西部大开发的加剧，内蒙古政府和党委已充分认识到了旅游业发展前景，加大了对旅游业的投入，使旅游业逐步形成了具有区域特色、民族特色的优势产业；到了 2010 年，内蒙古与周边省区的空间互动，由于其旅游资源分布集中，互补性强，区域合作、资源整合后，产生的效益巩固了内蒙古经济发展的资源基础；2011—2017 年，城乡居民收入差距正在逐步缩小，内蒙古发展的任务依然艰巨，保护生态多样性和当地环境，充分合理开发当地资源，促进人与土地的和谐。

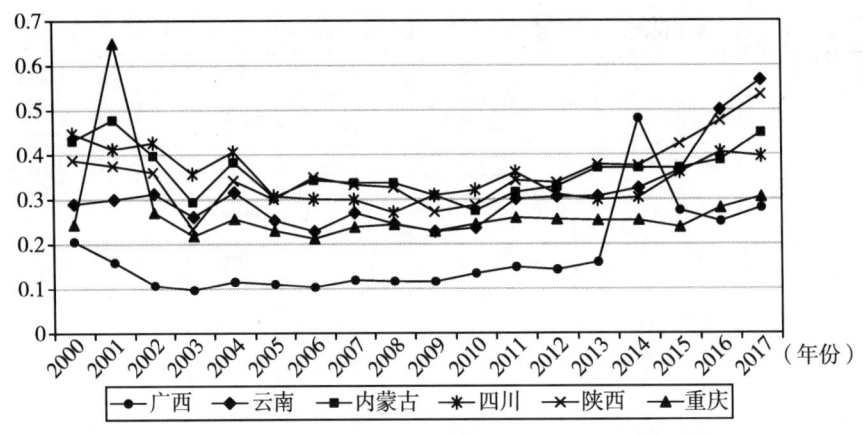

图 5-3　西部六省（区市）2000—2017 年耦合协调度

西部各地出现了比较明显的分化情况从 2000—2017 年重庆、广西两地几乎每年都处于一个较低的耦合协调阶段，主要是两个城市的产业结构导致的，广西与重庆的经济发展主要依靠工业旅游业而不是农业，因此这两地存在和浙江省相同的问题，农业的发展滞后于旅游业的发展，从而使广西重庆两地的旅游业与农业的发展不协调，其中重庆主要是地理因素导致的，而广西则是因为工业占比相对过高导致的，内蒙古和四川两地在 2017 年来均能达到中度耦合协调阶段，但是到高度耦合协调阶段还存在一定差距，主要是两地的区位条件导致的，使两地的经济发展相对落后于东部城市，从而暂时无法达到高耦合协调阶段。而西部的陕西和云南两省的区位相对较好，且云南有着良好的自然资源，陕西有着众多的文化遗产，使得这两省的旅游业发展相对较好并且农业也不存在滞后旅游业的情况，因此两省在近几年均能达到高度耦合协调阶段。

第6章 旅游业与农业耦合的区域差异分析

自乡村振兴战略实施以来，乡村旅游是实现旅游业与农业融合发展的重要途径，乡村旅游的发展促进了旅游业与农业的耦合协调发展，但东中西部各省的旅游业与农业的耦合协调程度还存在区域差异，第5章通过建立旅游业与农业耦合协调发展水平评价模型计算出了东中西部各省的耦合协调度，但未对旅游业与农业耦合协调程度的空间分布状况展开分析，为更好地对区域耦合协调度进行内部差异与变化规律的研究，将时间维度与空间维度结合起来分析可以得出更全面合理的结论，本章结合时间与空间两个维度对我国东中西部各省旅游业与农业耦合协调程度的区域差异展开分析。

6.1 我国东中西部耦合协调程度区域差异分析

根据第6章计算所得的结果（见附录表5-19至表5-21）绘制雷达图及折线图对东中西部各省分别进行时间及空间两个维度的整体区域差异分析。

6.1.1 时间维度的差异分析

本节将东中西部各地2000年、2005年、2010年、2015年和2017年的旅游业与农业耦合协调度绘制成雷达图，通过图像可以更清晰直观地从时间维度来反映东中西部各地旅游业与农业耦合协调度从2000—2017年的整体变化情况，从整体上分析东中西部区域内部各省（区市）之间存在的差异。图6-1、图6-2、图6-3显示了东部六省（市）、西部六省（区市）及中部六省在2000

年、2005年、2010年、2015年、2017年这五个年份各地旅游业与农业耦合协调度的水平,从时间维度来看,主要是各省(区市)的旅游业与农业耦合协调度增长速度与期初值的不同导致的,因此计算各省(区市)平均增长速度来分析东中西部区域差异。平均增长速度计算公式为:

$$\bar{y} = \sqrt[n]{\frac{y_n}{y_0}} - 1 \qquad (6-1)$$

式(6-1)中 $\bar{y}$ 表示增长速度,y_t 表示第 t 期旅游业与农业耦合协调度,y_0 表示基期旅游业与农业耦合协调度。这里取2017年旅游业与农业耦合协调度的值为 y_t,2000年旅游业与农业耦合协调度的值为 y_0,n = 17。

山东、江苏、广东、浙江、河北、上海六省(市)的平均增长速度分别为4.83%、9.90%、8.77%、1.66%、6.39%、4.00%,根据图6-1所示,2000年江苏和广东两省的旅游业与农业的耦合协调度最低,但是2000—2017年,这两省的平均增长速度最大,所以广东、江苏两省与其他省的差距逐渐缩小,并且在2010年超过山东、上海,仅次于河北省。国家农业部于2013年启动了"美丽乡村"创建活动,主要在东部沿海等经济相对发达地区,进一步促进了东部各省份旅游业与农业的耦合协调发展,其中江苏、广东、浙江三省为首的几个省份为全国的美丽乡村建设提供了范本和借鉴,但是浙江省农业的相对落后导致其旅游业与农业的耦合协调度不高,与其他东部省份存在较大差距。

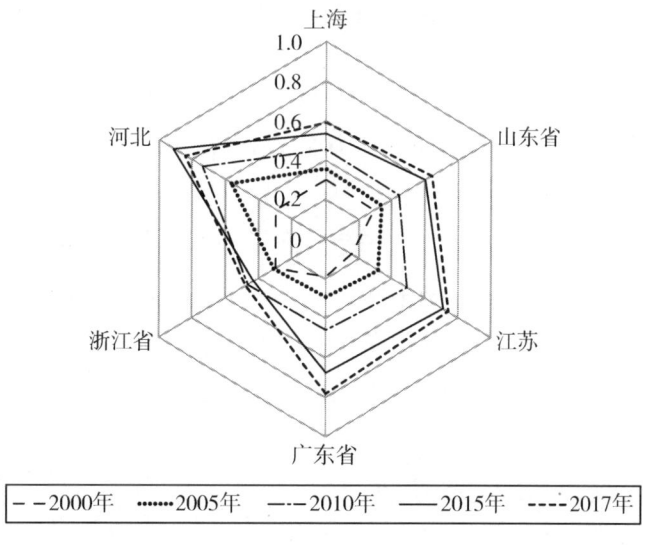

图6-1 东部六省(市)旅游业与农业耦合协调度

内蒙古、云南、四川、陕西、重庆、广西六省（区市）的平均增长速度分别为0.25%、4.01%、-0.75%、1.93%、1.39%、1.80%，根据图6-2所示，2000—2010年西部各省旅游业与农业耦合协调度出现下降的情况，西部各省份由于经济相对落后，在美丽乡村建设启动后，从2015年开始各省旅游业与农业耦合协调度才开始逐渐增长，由于重庆、广西两地主要发展工业而并没有重视旅游业与农业，导致这两省与其他西部省份存在较大差距，而云南、陕西两省从2010年至2017年，在美丽乡村建设的背景下，通过发展乡村旅游促进了旅游业与农业的耦合，缩小了与其他省的差距。

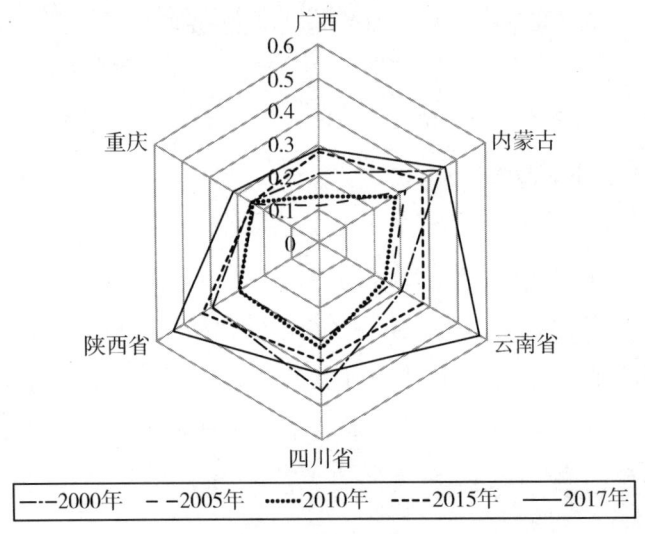

图6-2　西部六省（区市）旅游业与农业耦合协调度

江西、河南、湖南、湖北、山西、安徽六省的平均增长速度分别为6.94%、7.34%、5.73%、5.86%、6.80%、3.16%，根据图6-3所示，中部六省2000年旅游业与农业耦合协调度中江西、河南两省相对较低，而湖南、安徽两省相对偏高，但是江西、河南两省的平均增长速度较高，导致这两省的旅游业与农业耦合协调度与其他省的差距逐渐缩小，安徽省由于平均增长速度在六省中最慢，而导致其旅游业与农业耦合协调度逐渐被其他省超过，但是总体而言，中部地区各省旅游业与农业耦合协调度相差不大。

6.1.2　空间维度的差异分析

如图6-4所示西部地区的平均耦合协调度在2005年之后低于中部地区，中

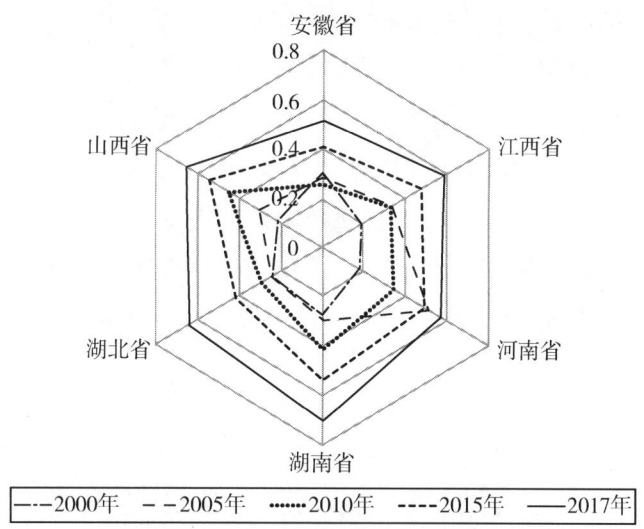

图 6-3 中部六省旅游业与农业耦合协调度

部地区低于东部地区,说明东部地区旅游业与农业的耦合协同发展水平更高,中部次之,西部最不协调,2005年10月党的十六届五中全会提出建设社会主义新农村的重大任务,由于东部各地农民专业合作社、龙头企业发展基础更好,因此东部各地受此影响最大,东部沿海多个省份的县市成为我国新农村建设的样本,导致2006—2010年东部各地的平均旅游业与农业耦合协调度增长速度明显高于中、西部各地平均值,2011—2013年,中、西部也受此影响,增长速度

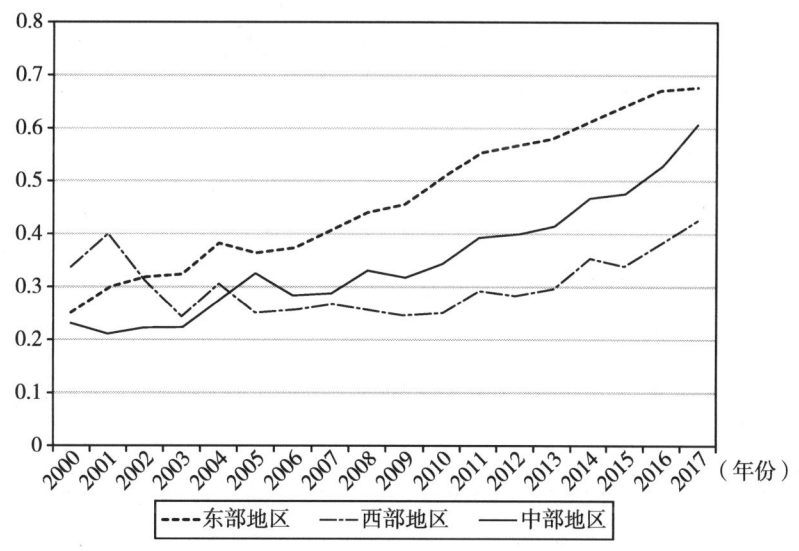

图 6-4 东中西部平均旅游业与农业耦合协调度

逐渐接近东部各地,在 2013 年美丽乡村建设启动之后,中、西部省(区市)的多个乡村也入选了我国最美休闲乡村,促进了中、西部地区旅游业与农业耦合发展,2014—2017 年,中部各地平均旅游业与农业耦合协调度的增长速度明显超过了东部各地,导致中部各地旅游业与农业耦合协调度与东部的差距逐渐缩小,同时西部各地平均旅游业与农业耦合协调度在这期间也有一个较为明显的提高,但是由于增长速度小于中部且大于东部,导致西部各地平均旅游业与农业耦合协调度与中部的差距逐渐增大而和东部的差距逐渐缩小。

6.2 耦合协调度的动态趋势分析

通过 6.1 节的分析可知,我国东中西部区域的旅游业与农业耦合协调度存在一定差异,并且东部区域和西部区域的各个省(区市)之间也存在一定差异,本节将通过计算区域差异的相关指数来定量反映差异的大小。

6.2.1 评价体系相关指标选取

本小节通过综合运用变异系数、基尼系数、泰尔指数对我国旅游业与农业区域差异进行定量研究。在评价指标体系中主要从两大方面考察:一是区域差异的规模大小;二是区域差异随时间的变化趋势,指标的获取主要通过第 5 章的计算结果(见附录表 5 – 19—表 5 – 21)代入各自公式计算得到,再将得到的指标绘制成折线图考察区域差异随时间的变化趋势。

6.2.2 变异系数

为了消除变量值水平的大小和计量单位的不同对离散程度测度值的影响,需要计算变异系数,变异系数是指一组数据的标准差与其相应的均值之比,也称作离散系数,变异系数越大的说明该组数据的离散程度越大,计算公式为:

$$CV = \frac{\sigma}{y} \tag{6-2}$$

式（6-2）中 CV 表示变异系数，σ 表示耦合度的标准差，$\bar{y}$ 表示 18 个省（区市）耦合度的均值。18 个省（区市）旅游业与农业耦合协调度的变异系数如图 6-5 所示。

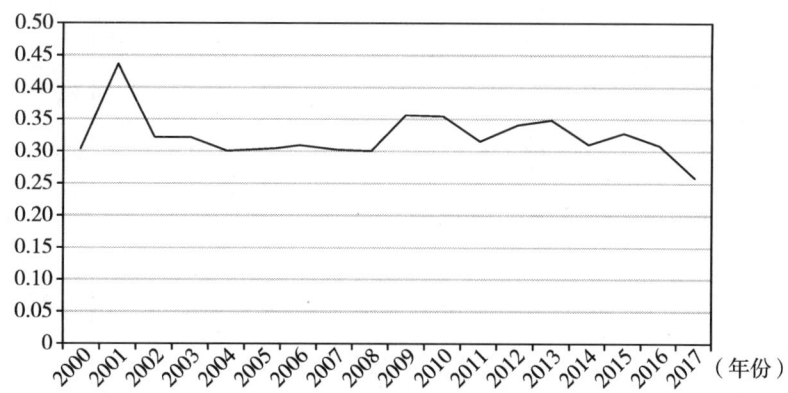

图 6-5　18 个省（区市）旅游业与农业耦合协调度的变异系数

6.2.3　基尼系数

基尼系数主要用于衡量收入分配的不平等程度，可以较好地测算不平等程度，因此在区域差异分析领域得到了广泛的应用，该系数越大表明区域不均衡程度越高，计算公式为：

$$G = -\frac{n+1}{n} + 2\sum_{i=1}^{n} \frac{i\, z_i}{n^2 u} \tag{6-3}$$

式（6-3）中 G 表示基尼系数，n 为区域个数，z_i 表示耦合度由低到高排序后第 i 个区域的耦合度，u 表示 18 个省耦合度的均值。

从图 6-6 的基尼系数以及图 6-5 中变异系数从 2000—2017 年的折线图中，2000—2001 年有一个较大的增长，主要原因是 2001 年我国正式加入世界贸易组织，加快了我国的对外开放，完善了社会主义市场经济，在 2001 年我国刚加入世界贸易组织时，拥有着相对较好区位的东部省（市）的旅游业与农业率先获得发展导致了 2001 年的区域差异的增大，在 2002 年及之后，随着对外开放的进一步发展，中部及西部等有着较差区位的省（区市）也开始受到对外开放的影响，使当地的旅游业与农业也得到了一定程度的发展，因此之后的区域差异又逐渐下降到之前水平。2008 年之后又产生小规模的波动，主要原因是 5 月 12 日四川汶川8级地震，2010年4月14日青海玉树7.1级地震，对当地及周围省份的农业旅游业带来了一定程度的影响，进而扩大了区域差异，在2013年之后，随着时间推移，区域差异又开始逐渐缩小。

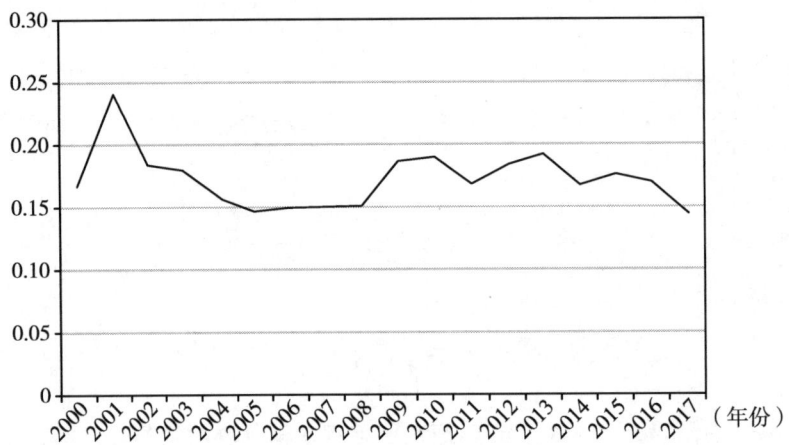

图6-6　18个省（区市）旅游业与农业耦合协调度的基尼系数

6.2.4　泰尔指数

泰尔指数在进行区域差异分析时可以进一步将总体的差异分解为组间差异与组内差异，从而可以对区域间和区域内差异的各自变化进行分析。

基于信息理论中熵的概念可以得到研究地区间差距的泰尔指数，计算公式为：

$$T = \frac{1}{n} \sum_{i=1}^{n} x_i \ln x_i \qquad (6-4)$$

$$x_i = \frac{y_i}{\bar{y}} \qquad (6-5)$$

$$\bar{y} = \frac{1}{n} \sum_{i=1}^{n} y_i \qquad (6-6)$$

式（6-4）、式（6-5）、式（6-6）中 y_i 表示第 i 个省份的协调耦合度的值，$\bar{y}$ 表示所有省份的协调耦合度的均值，n 表示省份的数量，这里 n=18，代表18个省（区市）。

按照此方法计算出的泰尔指数可以测度协调耦合度的区域总体差异，其取值在0，1之间，并且其值越大，表明各地区协调耦合度的差异越大，各地旅游业与农业的协调程度相差越大。

进一步地，可以将 n 个地区分为 k 个组，每组分别有 n_i（i = 1，2，3，…，k）个省份 $\sum n_i = n$，从而可以把泰尔指数分解成组间差异与组内差异，泰尔指数地分解表达式为：

$$T = T_b + T_w = \sum_{k=1}^{m} y_k \ln\left(\frac{y_k}{n_k/n}\right) + \sum_{k=1}^{m} y_k \sum_{l=1}^{n/m} \frac{y_l}{y_k} \ln\left(\frac{y_l/y_k}{1/n_k}\right) \quad (6-7)$$

$$T_b = \sum_{k=1}^{m} y_k \ln\left(\frac{y_k}{n_k/n}\right) \quad (6-8)$$

$$T_w = \sum_{k=1}^{m} y_k \sum_{l=1}^{n/m} \frac{y_l}{y_k} \ln\left(\frac{y_l/y_k}{1/n_k}\right) \quad (6-9)$$

式（6-7）、式（6-8）、式（6-9）中 T_b 表示组间差异，T_w 表示组内的差异，y_k 表示第 k 组的协调耦合度的和占总和的比例，y_l 表示第 l 个地区的指标占总和的比例，n_k 表示第 k 组的省份数量，m 表示把 n 个省份分成 m 组，这里 $n_1 = n_2 = n_3 = 6$，n = 18，m = 3。

耦合协调度的区域差异就可以分解成区域间差异和区域内差异，T_b/T 和 T_w/T 分别表示区域间差异与区域内差异对总体差异的贡献率。

根据以上公式计算了我国旅游业与农业的协调耦合度的泰尔指数，进一步将 18 个典型省（区市）划分为三个区域，即东部（浙江、山东、江苏、广东、上海、河北），中部（安徽、江西、河南、湖南、湖北、山西），西部（广西、云南、内蒙古、四川、山西、重庆）。利用这种区域划分将泰尔指数进行区域间与区域内的差异分解，计算结果如表 6-1 所示。

表 6-1　　　　　泰尔指数及其分解和贡献率

年份	泰尔指数	区域间差异	区域内差异	区域间贡献率	区域内贡献率
2000	0.045310624	0.013341503	0.031969121	0.294445364	0.705554636
2001	0.096921067	0.032128541	0.064792526	0.331491817	0.668508183
2002	0.054727768	0.013075067	0.041652701	0.238911020	0.761088980
2003	0.049133423	0.006841992	0.042291431	0.139253320	0.860746680
2004	0.045167229	0.007588217	0.037579012	0.168002714	0.831997286
2005	0.045979907	0.010027846	0.035952061	0.218091922	0.781908078
2006	0.046515376	0.012497559	0.034017817	0.268675867	0.731324133
2007	0.044417499	0.015377694	0.029039805	0.346208006	0.653791994

续表

年份	泰尔指数	区域间差异	区域内差异	区域间贡献率	区域内贡献率
2008	0.046036293	0.020461338	0.025574955	0.444461029	0.555538971
2009	0.064078803	0.027384098	0.036694705	0.427350341	0.572649659
2010	0.063317770	0.032658773	0.030658997	0.515791587	0.484208413
2011	0.051365331	0.026755320	0.024610011	0.520882854	0.479117146
2012	0.060533141	0.034111774	0.026421367	0.563522289	0.436477711
2013	0.062663237	0.033698030	0.028965207	0.537763958	0.462236042
2014	0.048456481	0.022143472	0.026313009	0.456976478	0.543023522
2015	0.054584037	0.029372706	0.025211331	0.538118978	0.461881022
2016	0.049294668	0.022719222	0.026575446	0.460885998	0.539114002
2017	0.036716169	0.017181397	0.019534772	0.467951787	0.532048213

上述计算结果绘制成的图6-7：

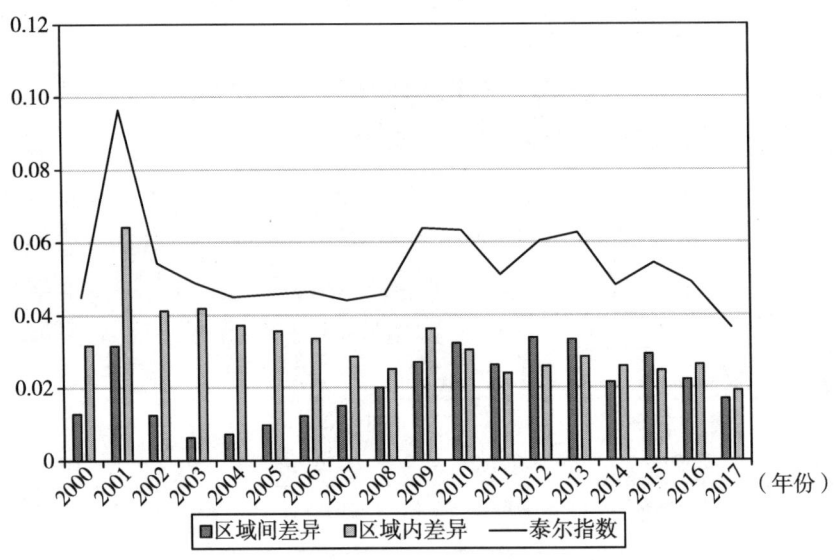

图6-7 2000—2017年泰尔指数及差异分解

图6-7表明从整体上来看2001年开始区域内差异呈现出逐渐下降的趋势，区域间差异呈现出先波动的情况总体上看区域间差异略有上升，区域内的贡献率由2001年的70.55%下降到了2017年的53.20%，说明东中西部区域内部的差异越来越小，而从整体上看东、中、西部区域之间的差异略有上升，但是从2012—2017年，区域间差异以及组内差异均有所下降，表明各地的旅游业与农业的协调耦合程度之间的差异逐渐缩小。

另外，按照上文区域划分的方式，分别计算出东、中、西部三个区域的泰尔指数，计算结果见表6-2，将其绘制成图6-8。

表6-2　　　东中西部区域 2000—2017 年泰尔指数

年份	东部	中部	西部
2000	0.032701329	0.020269249	0.039442203
2001	0.042313270	0.083665287	0.074044197
2002	0.024042440	0.032003194	0.066566020
2003	0.025438475	0.047855178	0.057529928
2004	0.039957476	0.010939534	0.058987197
2005	0.034802498	0.031673218	0.043128433
2006	0.038446525	0.003489759	0.061210335
2007	0.034337589	0.007934463	0.043779597
2008	0.033457426	0.000978378	0.044132084
2009	0.045239701	0.021689746	0.040980432
2010	0.040114458	0.018427827	0.029625820
2011	0.034262050	0.005876843	0.032768208
2012	0.038332285	0.006986954	0.031060937
2013	0.035766296	0.016144430	0.033861506
2014	0.043264929	0.009798602	0.019477945
2015	0.043545625	0.006428086	0.017835352
2016	0.038420377	0.010024583	0.029029255
2017	0.024509745	0.004973055	0.032598575

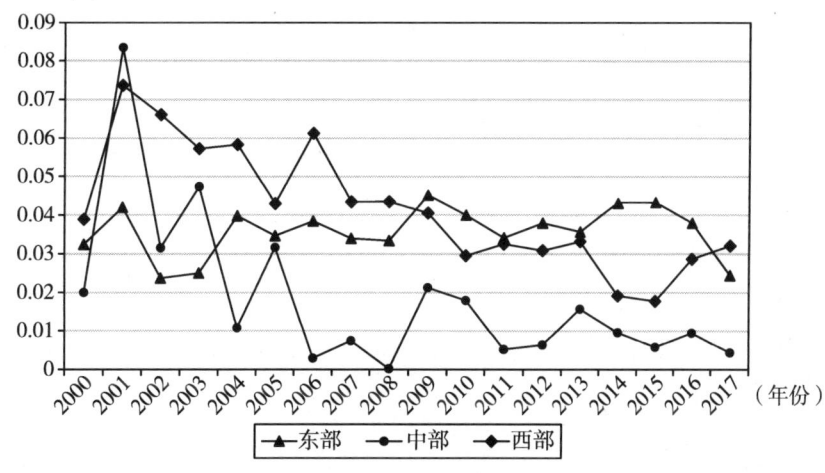

图6-8　东中西部区域的泰尔指数折线

从图 6-8 可以看出，总体上西部和中部的泰尔指数呈现出下降的趋势，东部的泰尔指数趋于平稳，从 2014—2017 年来看东部地区的泰尔指数呈现出下降趋势中部地区趋于平稳，而西部地区的泰尔指数近几年呈现出上升趋势。

6.3　区域差异原因分析

根据上一小节，将 18 个省（区市）分为东部、西部、中部三个组，本节将分析组间及组内区域差异的原因。

6.3.1　组间区域差异分析

组间差异由 2001 年先降低，到 2003 年区域间差异开始上升直到 2012 年，由 2013 年到 2017 年又开始下降。在 2001 年我国正式成为世界贸易组织成员，我国对外开放进入新阶段的背景下，我国东中西部区域的旅游业与农业经济加快了增长速度，其中东部受其影响最大，从而使东部的旅游业与农业发展速度高于中部与西部，导致 2003 年开始组间差异开始不断增大直到 2012 年，虽然三大区域间的旅游业与农业在这段时间内都有了较大的发展，但是三大区域的差距也在不断扩大，其中东部地区在这段时间占据了经济总量的大多数，其次是东部地区和西部地区，这是因为东部与中部相对于西部处于一个较好的区位，有着更好的交通条件，所以西部虽然也受到对外开放的影响，但是影响并没有东部与中部显著，同时也有西部自身产业结构落后的原因，旅游业与农业在西部原本的耦合程度就处于一个较低的水平。在 2011 年 5 月中共中央、国务院印发《中国农村扶贫开发纲要》，2012 年 12 月，习近平指出全面建成小康社会，最艰巨、最繁重的任务在农村、特别是在贫困地区，在 2013 年 11 月又提出精准扶贫，在此背景下从 2013 年至 2018 年每年超额完成千万减贫任务，其中主要是西部与中部地区，贫困人口的减少带动了中部和西部区域旅游业与农业的发展，从一定程度上降低了两大区域与东部的差距，从而降低了组间区域差异。

6.3.2 组内区域差异分析

组内区域差异由 2001 年逐渐下降直到 2008 年，在 2009 年略有上升，在 2008 年金融危机的背景下，各省的旅游业与农业的经济发展均有一定影响，由于所处区域位置不同受到的影响也存在一定差异，从而影响了三大区域内各个省旅游业与农业的耦合程度，进而扩大了旅游业与农业耦合程度的组内区域差异在之后几年组内区域差异值出现波动，整体逐年下降直到 2017 年。由前文可知组内差异主要是东部区域的浙江省和河北省以及西部六省（区市）导致的，中部区域各省的协调耦合程度差异不大，其中浙江省是农业逐渐衰退导致的，河北省的旅游业与农业耦合程度在东部六省（市）中最高，与其他省差距较大，而西部六省（区市）发展不协调，云南、陕西耦合程度较高，其次是内蒙古和四川，最后是广西和重庆，西部六省（区市）出现了比较明显的分化，主要是西部各省（区市）的地理因素的差异导致的，部分省（区市）不适合发展农业，因此旅游业与农业的耦合程度就处于一个较低的程度。

6.4 收敛趋势分析

6.4.1 绝对 β 收敛的检验

为了揭示 18 个省（区市）旅游业与农业的协调耦合度的差异是否会出现缩小趋势，本书采用收敛性分析方法对其变化趋势进行研究。常用的收敛性分析主要包括 σ 收敛和 β 收敛。σ 收敛检验反映区域之间某一变量的差异程度，如果 σ 随时间衰减则称发生 σ 收敛；β 收敛用来描述变量与其初始变量的增长率之间的负相关关系。

本书采用绝对 β 收敛来检验旅游业与农业协调耦合度的收敛性。β 收敛检验的模型如下：

$$\frac{1}{T}\ln\left(\frac{x_{i,t+T}}{x_{i,t}}\right) = \alpha + \beta\ln(x_{i,t}) + u_{i,t} \qquad (6-10)$$

式（6-10）中 t 表示不同时期；T 表示时间间隔；$x_{i,t}$ 表示第 t 期旅游业与农业的协调耦合度；$[\ln(x_i,t+T,x_i,t)]/T$ 表示从第 t 期到第 t+T 期协调耦合度的平均增长率；α 为常数项；β 为估计系数；$u_{i,t}$ 表示随机误差项。若 β 系数为负，并且通过了显著性水平检验则说明旅游业与农业的协调耦合度存在绝对 β 收敛，即旅游业与农业协调耦合度较低的省份正在逐渐赶上协调耦合度较高的省份。令 T=1，则旅游业与农业的协调耦合度的绝对 β 收敛检验模型如下：

$$\ln\left(\frac{x_{i,t+T}}{x_{i,t}}\right) = \alpha + \beta\ln(x_{i,t}) + u_{i,t} \qquad (6-11)$$

式（6-11）中 $\ln(x_i,t+T,x_i,t)$ 表示各年旅游业与农业耦合协调度的增长率；α 为常数项；β 为估计系数；$u_{i,t}$ 表示随机误差项。

根据式（6-11）对 2000—2017 年全国和东中西部地区旅游业与农业协调耦合度进行绝对 β 收敛检验。借助 EViews8.0 软件进行检验，结果见表 6-3：

表 6-3　全国及东中西部地区旅游业与农业协调耦合度的 β 收敛检验

	全国	东部	中部	西部
α	0.026269 (0.30355)	-0.08089* (-1.8042)	0.030601 (0.358035)	-0.2576 (-1.17027)
β	0.070343 (0.77467)	-0.00834 (-0.21374)	0.091354 (0.925817)	-0.2996 (-1.11018)
R^2	0.006105	0.178314	0.008474	0.083663
F	0.092143	3.255142	128189	1.369527

注：括号内是 t 统计量的值，* 表示通过了 10% 显著性水平检验。

通过上述检验仅有东部通过了 10% 显著性水平检验，β 值为负，表明仅东部的旅游业与农业的协调耦合度存在绝对 β 收敛，即东部地区的旅游业与农业的协调耦合度差异在不断缩小，呈现收敛趋势，最终将达到一个共同的稳态水平。全国，中部及西部地区没通过 10% 显著性水平的检验表明，在从全国、东部及西部地区来看旅游业与农业的协调耦合度差异不存在绝对收敛，也不会继续扩大差异，即从全国、东部和西部地区来看旅游业与农业的协调耦合度差异趋于平稳。

6.5 空间自相关检验

对计算出的各省（区市）旅游业与农业协调耦合度进行空间自相关分析，了解我国旅游业与农业耦合协调度的空间变化特征，对资源、经济协调发展，指导区域经济社会发展具有重大的现实意义。本节主要通过莫兰指数的计算来反映旅游业与农业协调耦合度的空间变化特征。

6.5.1 空间自相关

空间单元上的变量一般包括位置信息和属性值。空间自相关指某一空间单元的某一属性值与临近空间单元上同一属性值之间存在的空间相关程度。空间自相关的定义表明空间单元上属性值是不独立的，它们存在空间相关，且空间相关的强度及模式与空间单元的位置变量有关。

空间自相关又可以分为正的空间自相关、负的空间自相关和空间无关。正的空间自相关表明来自相邻的事物有相似的属性，负的空间自相关表明相邻的事物有相异的属性。在区域科学分析中，正的空间自相关表示空间区域单元的属性值存在趋同聚集，即较大值与较大值、较低值与较低值之间趋于空间聚集；负的空间自相关表示空间区域单元的属性值存在趋异聚集，即相似观测值之间呈分散的空间分布。

空间自相关能够刻画空间单元属性值的聚集特征，从度量的范围来说，空间自相关的度量可以分为全局空间自相关和局部空间自相关。全局空间自相关用来刻画空间单元上属性值之间的整体分布情况，即全局范围内是否存在聚集特征，它不能像局部空间一样分析聚集所发生的位置。

6.5.2 空间权重矩阵

在空间经济计量研究中，空间效应的度量一般遵循距离衰减原则，即两个观测点的空间距离越近，其空间关系越密切。空间权重矩阵的构造方法可分为两类：基于空间邻接关系的空间邻接矩阵和基于地理距离的空间核函数权重矩阵，本章分析各省旅游业与农业的耦合协调度的空间自相关，因此选取空间邻接矩阵。

空间邻接矩阵是根据观测点在地理空间上的相邻关系来构造的空间权重矩阵。这是最常用的矩阵，其数学表达式为：

$$w_{ij} = \begin{cases} 1 & \text{当区域 i 与 j 相邻时} \\ 0 & \text{当区域 i 与 j 不相邻时} \end{cases} \quad (6-12)$$

例如中部区域中湖北省和河南省就可以被定义为1。

由表达式可知，对应的空间矩阵 W 是 n 阶对称矩阵，且对角线上元素均为 0，通常对矩阵进行标准化处理。

6.5.3 全局空间自相关

本章使用莫兰指数来分析全局空间自相关，计算公式如下：

$$I = \frac{\sum_{i=1}^{n} \sum_{j=1}^{n} w_{ij}(x_i - \bar{x})(x_j - \bar{x})}{S^2 \sum_{i=1}^{n} \sum_{j=1}^{n} w_{ij}} \quad (6-13)$$

$$S^2 = \sum_{i=1}^{n} \frac{1}{n}(x_i - \bar{x})^2 \quad (6-14)$$

式（6-12）、式（6-13）中 w_{ij} 表示区域 i 与区域 j 的空间权重，x_i、x_j 表示区域 i 和区域 j 的旅游业与农业的耦合协调度，$\bar{x}$ 表示东中西部旅游业与农业耦合协调度的平均值。

莫兰指数的值近似服从均值为 E(I)，方差为 V(I) 的正态分布。均值和方差的计算公式如下：

$$E(I) = -\frac{1}{n+1} \quad (6-15)$$

$$V(I) = \frac{n^2 w_1 + n w_2 + 3 w_0^2}{w_0^2(n^2 - 1)} - E^2(I) \quad (6-16)$$

$$w_0 = \sum_{j=1}^{n} \sum_{i=1}^{n} w_{ij} \quad (6-17)$$

$$w_1 = \frac{1}{2} \sum_{j=1}^{n} \sum_{i=1}^{n} (w_{ij} + w_{ji})^2 \quad (6-18)$$

$$w_2 = \sum_{i=1}^{n}(w_{\cdot j} + w_{i\cdot}) \tag{6-19}$$

式（6-14）至式（6-19）中 n 表示省份的总数，w_{ij} 表示空间权重矩阵中第 i 行第 j 列的数值，$w_{\cdot j}$ 和 $w_{i\cdot}$ 分别表示空间权重矩阵第 j 列和第 i 行的和。从而全局莫兰指数标准化后的统计量 z 近似服从标准正态分布，即：

$$z = \frac{I - E(I)}{\sqrt{V}} \sim N(0,1) \tag{6-20}$$

莫兰指数的值介于 -1 和 +1，值大于 0 表示存在空间正相关，越接近于 1 表示正相关的程度越强；值小于 0 表示存在空间负相关，等于 0 表示空间无关。

6.5.4 局部空间自相关

局部莫兰指数的计算公式如下：

$$I_i = \frac{Y_i - \overline{Y}}{S^2} \sum_{j \neq i}^{n} w_{ij}(Y_j - \overline{Y}) \tag{6-21}$$

w_{ij} 表示空间权重矩阵标准化之后第 i 行第 j 列的值，I_i 表示观测单元 i 的观测值 Z_i 与周围观测单元观测值的加权平均的乘积。值为正表示空间单元 i 与临近单元的属性相似（较高值周围是较高值或较低值周围是较低值，即较高值聚集或较低值聚集），值为负表示空间单元 i 与邻近单元的属性不相似（即较高值周围是较低值或较低值周围是较高值）。

6.5.5 数据处理

根据式（6-12）以及各省（区市）地理位置得到空间权重矩阵，对其进行标准化处理，使其对每个观测点 i 而言 $\sum_{j=1}^{n} w_{ij} = 1$，得到标准化空间权重矩阵表 6-4：

表 6-4　　　　　　　　标准化空间权重矩阵

地区	广西	云南	内蒙古	四川	陕西	重庆	浙江	山东	江苏	广东	上海	河北	安徽	江西	河南	湖南	湖北	山西
广西	0	1/2	0	0	0	0	0	0	0	1/3	0	0	0	0	0	1/5	0	0
云南	1/3	0	0	1/3	0	0	0	0	0	0	0	0	0	0	0	0	0	0
内蒙古	0	0	0	0	1/6	0	0	0	0	0	0	1/4	0	0	0	0	0	1/4

续表

地区	广西	云南	内蒙古	四川	陕西	重庆	浙江	山东	江苏	广东	上海	河北	安徽	江西	河南	湖南	湖北	山西
四川	0	1/2	0	0	1/6	1/4	0	0	0	0	0	0	0	0	0	0	0	0
陕西	0	0	1/3	1/3	0	1/4	0	0	0	0	0	0	0	0	1/6	0	1/6	1/4
重庆	0	0	0	1/3	1/6	0	0	0	0	0	0	0	0	0	0	1/5	1/6	0
浙江	0	0	0	0	0	0	0	1/4	0	1/2	0	1/6	1/5	0	0	0	0	0
山东	0	0	0	0	0	0	1/4	0	0	1/4	1/6	0	1/6	0	0	0	0	0
江苏	0	0	0	0	0	0	1/4	1/4	0	0	1/2	0	1/6	0	0	0	0	0
广东	1/3	0	0	0	0	0	0	0	0	0	0	0	0	1/5	0	1/5	0	0
上海	0	0	0	0	0	0	1/4	0	1/4	0	0	0	0	0	0	0	0	0
河北	0	0	1/3	0	0	0	0	1/4	0	0	0	0	0	0	1/6	0	0	1/4
安徽	0	0	0	0	0	0	1/4	1/4	1/4	0	0	0	0	1/5	1/6	0	1/6	0
江西	0	0	0	0	0	0	1/4	0	0	1/3	0	0	1/6	0	0	0	1/5	0
河南	0	0	0	0	1/6	0	0	1/4	0	0	0	1/4	1/6	0	0	0	1/6	1/4
湖南	1/3	0	0	0	0	1/4	0	0	0	1/3	0	0	0	1/5	0	0	1/6	0
湖北	0	0	0	0	1/6	1/4	0	0	0	0	0	0	1/6	1/5	1/6	1/5	0	0
山西	0	0	1/3	0	1/6	0	0	0	0	0	0	1/4	0	0	1/6	0	0	0

将标准化权重矩阵的值和各省旅游业与农业耦合协调度的值代入式（6-13）、式（6-14）计算出2000—2017年每年的全局莫兰指数。再将其代入式（6-15）、式（6-16）、式（6-17）、式（6-18）、式（6-19）计算出莫兰指数的期望及方差，将得到的方差和期望代入式（6-20）计算出z统计量的值和p值，计算结果如表5所示。

表6-5　　　　　　　　　　全局莫兰指数

年份	Moran'I	Z	P
2000	-0.008009454	0.167427202	0.867033924
2001	0.005601139	0.218495670	0.827042932
2002	0.029064419	0.088426618	0.929537606
2003	-0.008990538	0.163746066	0.869931051
2004	0.001526682	0.203207849	0.838972578
2005	0.056216068	0.408408541	0.682973764
2006	0.076601096	0.484895445	0.627750513
2007	0.043133567	0.359321533	0.719354567

续表

年份	Moran'I	Z	P
2008	0.086731001	0.522903980	0.601041075
2009	0.068306474	0.453773098	0.649992149
2010	0.071977450	0.467547008	0.640108568
2011	0.065849716	0.444555064	0.656641328
2012	0.058125708	0.415573725	0.677721957
2013	0.061546958	0.428410635	0.668352183
2014	-0.003296321	0.185111403	0.853141658
2015	0.039849771	0.347000365	0.728591044
2016	0.009296321	0.232360406	0.816258099
2017	-0.002476809	0.188186306	0.850730607

表 6-5 中 2000—2017 年全局莫兰指数均未通过显著性检验，说明从整体来看不存在空间自相关，即全国旅游业与农业耦合协调度与空间分布无关，本章将进一步分析东中西部各自是否存在局部空间自相关，这里选取可能存在空间自相关的东中西部省（区市），东部浙江，中部河南，西部重庆，分别计算出东中西部局部莫兰指数，计算结果如表 6-6 所示。

表 6-6　　　　　　　东中西地区的局部莫兰指数

年份	东部	中部	西部
2000	-0.189797787	-0.205420538	-0.281812962
2001	-0.636260962	-0.025042913	-0.408953080
2002	-0.022318341	-0.371102434	-0.058095560
2003	-0.036742943	-0.350036838	-0.037619603
2004	0.034216484	-0.307375345	-0.105357480
2005	-0.061913248	0.556541370	0.238046151
2006	-0.111892570	-0.082964325	0.069922112
2007	-0.069916095	0.016026248	0.231985216
2008	-0.188570380	-0.230421074	0.188853268

续表

年份	东部	中部	西部
2009	-0.095432217	-0.016824556	0.243309068
2010	-0.120932778	-0.044855321	0.176295017
2011	-0.204511075	-0.061794848	0.135038273
2012	-0.272476820	-0.012119030	0.329730460
2013	-0.212454511	0.010209566	0.424747950
2014	-0.170098661	-0.021974873	0.575840771
2015	-0.288043864	0.019581286	0.8465113546
2016	-0.261663930	0.007742126	0.286279111
2017	-0.277587561	0.004964515	-0.014849368

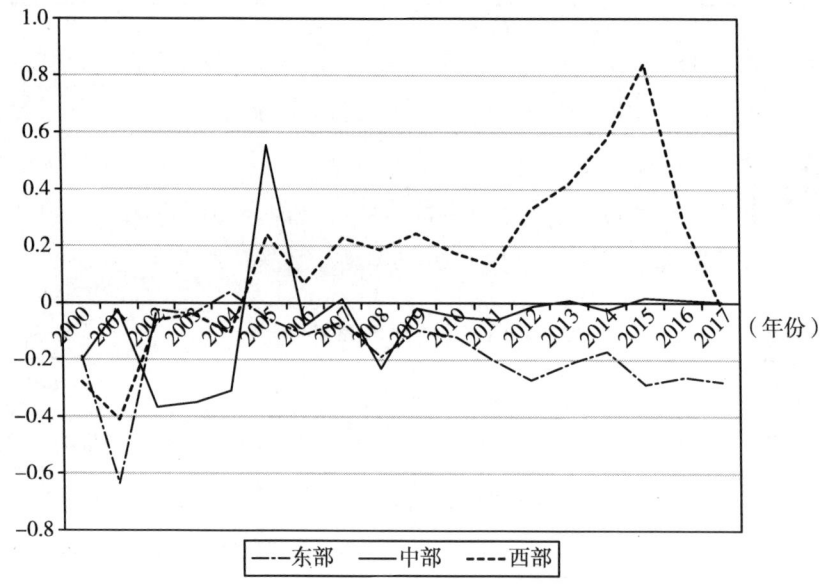

图 6-9 局部莫兰指数

根据图 6-9 可知，东部各省（市）一直存在局部空间负相关，说明同类耦合的省份没有集聚分布，耦合协调度较高的省份与耦合协调度较低的省份呈相邻分布的状态。而西部各省（区市）2005—2016 年存在明显的局部空间正相关，在 2017 年空间无关，说明在 2005—2016 年，西部各省存在较低耦合协调度值聚集的情况，而在 2017 年东部各省（市）耦合协调度的高低在空间上呈现随机分布。中部各省自 2007 年之后局部莫兰指数在 0 左右，说明中部各省耦合协调度呈随机分布。

整体来看，2002—2017 年东部的局部莫兰指数逐渐减小，说明东部旅游业与农业耦合协调度空间负相关逐渐增强，空间异质性逐渐增大。2000—2006 年中部各省的局部莫兰指数先减小再增大，在 2007 年之后逐渐稳定在 0 左右，说明中部各省空间异质性很小。2000—2015 年，西部的局部莫兰指数逐渐增大，区域异质性逐渐减小，存在旅游业与农业耦合协调度较低值的集聚。

6.6 本章小结

6.6.1 从时间维度看

东部的旅游业与农业的平均耦合协调程度最高，其次是中部，西部最低，2005 年中国共产党第十六届五中全会提出的建设社会主义新农村的重大历史任务，以及 2013 年 7 月 22 日提出的美丽乡村建设，导致了总体的区域差异随时间的变化呈现出先减小再增大最后缓慢减小的情况，由于 2013 年的美丽乡村的示范乡镇大多在东部省份，使东部省份的耦合协调度比中、西部增长得更早，增大了区域差异，在 2013 年之后又逐渐减小。根据绝对收敛检验，东部地区的区域差异随着时间的推移会不断缩小并逐渐趋于平稳，而西部和中部的区域差异已经趋于平稳，根据 2000—2017 年的数据预测，将来中、西部地区的区域差异不会再有增大或缩小的趋势。

6.6.2 从空间维度看

2015—2017 年，西部旅游业与农业耦合程度的区域差异有上升趋势，主要原因是云南、陕西、内蒙古的耦合程度远远高于其他三个省份，而东部的耦合程度区域差异逐渐缩小，从而使西部的耦合程度区域差异在 2017 年超过了东部区域，中部区域的耦合程度区域差异在 2010—2017 年趋于稳定且是东中西部中差异最小的区域，表明中部各省的旅游业与农业的耦合程度相差不大。另外根据空间自相关的检验，旅游业与农业的耦合协调度总体上来看与空间分布无关，但是在东部区域，计算出浙江的局部莫兰指数表明东部区域存在空间异质性，即耦合协调度较低的浙江省周围的省份耦和协调度较高；在中部区域局部莫兰指数接近0，表明中部区域旅游业与农业的耦合协调度空间无关；在西部区域存在明显的空间正相关，表明以重庆为中心的各省（市）存在较低耦合协调度省（区市）聚集的情况。

第 7 章　促进旅游业与农业耦合区域均衡发展的对策

7.1　整合区域资源，优化经济发展格局

　　促进旅游业与农业耦合的区域均衡发展，规划建设目标，科学利用资源以推进旅游业和农业更好发展。前期开发过程中，本地农业建设的需求是发展旅游资源的考虑范围，务必充分了解本地农业发展现状，以保障现代农业发展顺利进行为前提。注重怎样才能做到合理融合区域资源，优化农业建设资源问题，因地制宜、实地考察、研究判断。例如典型东南丘陵地区，耕地面积少且分散，郊区地域合理建设高科技生态农业区、园林农业以及果蔬种植、采摘、耕犁、花卉观光等体验农事劳作项目，做到合理整合区域资源和效益最大化。生态效益与经济效应之间相互依赖、互相影响，在争取最佳经济效益的同时，竭尽全力维护生态平衡和实现可持续发展，即获得最大生态经济效益。另外，发展农旅耦合，注意农业对旅游经济的影响及其占比情况。例如发展成熟的旅游观光型农业园，其基础设施完善，有专属旅游消费人群。但经营模式固化、对农业影响较小。经营者需以区域农业及农旅耦合发展现状为基础，提高农业景区开发建设发展，处理平衡旅游观光型农业园的旅游及农业功能开发工作。构建观光型旅游农业景区要做到合理整合周边农村区域资源，提高景区原真性、独特性。即科学规划农村景区建设、优化旅游资源建设布局、保护区域生态环境，也合理促进农业生产发展，由多角度考虑优化景区。除关注农业生产外，还应平衡地区旅游资源的可持续发展，提高游客吸引力，深度发掘区域自我特色，提高当地旅游资源竞争优势。

　　习近平指出，要探索以生态优先、绿色发展为导向的高质量发展新路子。

要贯彻新发展理念，统筹好经济发展和生态环境保护建设的关系，努力探索出一条符合战略定位、体现地方特色，以生态优先、绿色发展为导向的高质量发展新路子。立足本地资源禀赋特点，体现地域优势特色。结合当地资源禀赋、产业特征、文化历史、区位特征、风俗习惯、消费能力，创新规划理念，突出产业特色，优化功能布局。无论是对解决布局简单一致、项目同质，还是降低开发成本、适应消费习惯，或是增强竞争力和增强可持续吸引力都是重点、关键。建设完善旅游中心、识别系统、自行车绿道等配套设施，满足各种旅游需求。乡村的娱乐功能在很大程度上得益于乡村美丽的环境、新鲜的空气、纯净的水质和健康的食物。要加强农业生态保护，实施农业生物多样性保护工程，开展生态环境监测，在美丽农村实施生态文明建设工程，全面改善农村人居环境。

农旅耦合以保护生态环境和农业资源为前提，在旅游业与现代农业互利共赢的基础上，整合区域资源，合理优化经济发展格局，是目前实现旅游业和现代农业交叉耦合的重要发展方向。

7.2 深度开发农产品，发展特色旅游项目

不同经济文化特征在不同地域各有体现，所发展的农旅耦合旅游项目各具特色。然而实际上，我国大部分农旅耦合乡村发展模式与旅游业、农业经营状况过度统一、千篇一律，欠缺创造力，吸引力不足。区域间盲目模仿，缺乏特色，导致旅游业形成过度商业化、同质化趋势。

坚持深度开发农产品，升级农业生产管理模式，发挥人才效应，以科学技术为立足点，创建深度开发农产品基地。政府、企业、院校三方合作，广泛收集群众意见，加大农产品监管机制，定期检测，强化管理力度。食品安全为农产品立足根本，应当监管制度与奖励制度并重，奖励企业获得食品国际官方认证、参加大型权威评比大赛，加大检测力度与次数。农产品往往具备厚重历史与浓郁人文气息。结合农产品独特性，开发多元化、宽维度旅游产品，促进两大产业耦合发展，依托乡村旅游集镇、乡村和农庄，以乡村民俗活动吸引游客，同时带动农产品销售，让游客深入了解地方特色农产品生产过程，体验乡村民

俗，把农产品带到旅游中去，例如日本青森县作为富士苹果发源地，具有众多温泉旅游资源，他们在温泉加入新鲜苹果，提供苹果泡汤，达到美化皮肤、促进新陈代谢、消除疲劳和美白滋润的效果，提高了游客满意度和景区吸引力。

做到合理整合区域资源，通过互联网、多媒体等渠道，比较筛选、适当整合优质旅游开发项目，注重可持续发展项目，给予大力扶持、帮助推动现代农业生态旅游发展。旅游体验感为农旅耦合一大秘诀，依据当地历史文化，创造设计参与性强、原真性强的特色体验活动，帮助旅客在旅行途中感悟农业操作的实践意义，宣传地方特色文化，着力打造地方特色品牌，拉长农业产品产业链，提高旅游附加值。例如父城遗址，规划者设计制作观音雕像活动；鸡公山，经营者设计制作避暑手办等，帮助人们纪念旅行。

深入开发农业产品，发展特色旅游项目，提高农业产品深加工，加大投入农业科技开发，使农产品能够成为高附加值旅游产品。

7.3　打造全域旅游，重点实施差异化战略

2017 年 9 月 13 日，习近平向联合国世界旅游组织第 22 届全体大会致贺词，旅游是不同国家、不同文化交流互鉴的重要渠道，是发展经济、增加就业的有效手段，也是提高人民生活水平的重要产业。习近平强调，我国高度重视发展旅游业，旅游业对我国经济和就业的综合贡献率已超过 10%。未来 5 年，我国将有 7 亿人次出境旅游。2018 年 3 月，国务院办公厅印发《关于促进全域旅游发展的指导意见》，就加快推动旅游业转型升级、提质增效，全面优化旅游发展环境，走全域旅游发展理念作出部署。全域旅游理念提倡以中心城镇为坐落点向外发展公共服务层、特色城镇与街区圈层、美丽乡村圈层，以点成线，以线成面，实现城乡一体化，全面推动产业建设和经济提升，是以旅游发展带动区域经济发展和美丽乡村建设的有效模式和方法。

各自不同的自然风景、人文景观、风土人情及农业资源使地区普遍差异化，农旅耦合本身便给乡村旅游创造了巨大差异发展空间。差异化既适应消费者对产品消费偏好的增长需求，也使市场供给方避免了同质化竞争、降低了利益相关者多方间冲突，从而提高了产品竞争力并拓宽了更大价值利润的途径。

因此，对于农旅耦合乡村、乡镇和城郊三种空间分布形式，因地制宜、各有侧重、实事求是，各自发挥其不同区域环境魅力、文化优势以加快农业旅游业交叉发展。地方政府应加强旅游业与农业关联，调研确立强化市场定位与品牌打造，通过农产品品牌化，实现地区品牌化，继而突出特色，实现差异化的发展。乡村农旅耦合以当地中心地带为中心发散四周，即周边村庄文化向中心地带凝集，行动协同、互利共赢，形成连带市场效应。做好区域乡村旅游发展规划，构建特色产品体系，按照不同地域结合资源禀赋从乡村旅游者需求角度按市场发展趋势进行规划，如平坝区作为距离贵阳最近县级行政区，打造为周末好去处，结合市民消费水平创建具有一定消费水平的精品乡村游区；西秀区以屯堡文化作支撑，打造富有文化内涵的乡村旅游区，市场对焦中长距离游客等。同时，地区统一科学管理旅游产业，对村庄进行农业规模化、特色化，从而突出地区特色文化和农业旅游。在村镇农旅耦合方面，应围绕循环农业和生态农业两方面，打造美食风味旅游，体现当地旅游特色。而关于城郊农旅耦合，目标人群为追求放松身心、释放压力的城市对象。城市里自由空气、活动空间、土地资源稀缺，规划者应结合高效绿色农业，发展农业绿色休闲体验旅游，更好满足目标人群需求。事实证明渗入异质化资源和侧重选择空间分布，不仅有利于牵动农村农业经济效益价值提升，更利于当地农旅耦合各要素差异化品牌的战略塑造，加快地区和谐科学合理发展、可持续发展。

利益相关者需积极促进产业间耦合，树立品牌效应，地方特色品牌，规划建立产业集区。在品牌推介、市场开拓、资金支持等方面政府需向企业提供合理优惠扶持政策，带动企业升级。整个过程将促进农副产品转化为旅游产品，提高企业科技水平研发能力和市场竞争优势，帮助开发差异化大、功能性强的产品。大力创新农旅耦合发展的市场运作模式，利用新事物、新技术、新工具以及新模式来更新完善景区基础设施及提升旅游道路、人员接待、景区服务等质量水平。重点实施差异化品牌战略，实现农产品农业品牌向旅游品牌转型升级，有效填补旅游目的地农产品短板。

7.4 建设农业旅游，创新市场竞争优势

坚持把农村建设得更像农村的理念。努力模仿城市建设是过去政府主导的

新农村建设理念和模式,这导致新农村建设普遍存在单一性、城市化、千村一貌等问题。建设创新乡村旅游业及市场竞争优势,进行乡村旅游开发,就需要转变这一理念,甚至颠倒这一理念。乡村旅游开放,使不少农村地区失去原真性、辨别度,应该坚持把农村建设得更像农村。望得见山,看得见水,有老家、父母长辈、童年气息,让人感染乡愁。习近平总书记说,乡愁就是你离开这个地方会想念这个地方。把农村建设得更像农村的首提者孙君对此有一说法,不靠路、不填塘、不劈山、不占田、不砍树,垃圾不出村,污水不入河。树上有鸟,河里有鱼,地里有虫,年轻人、鸟儿和民俗回来,争当建设主人。未来乡村建设中,要坚持把农村建设得更像农村的理念,坚持最小人为干预、最大原乡体验,依托村庄传统,尽可能保留村庄原有肌理,不进行大拆大建。采用当地建造材料,挖掘村内旧材料进行新旧结合,旧物换新颜,以保留和改造好老房子,赋予其新生命。规划保留不同历史时期建筑,使之并存于一个村庄,增强村庄的历史厚重感。一个像农村的农村才能更好地发展农旅耦合,才能有辨识度与竞争优势。

同时,产业需要做好营销宣传,利用好互联网宣传方式。信息时代的今天,旅游业宣传途径不再局限于口头相传,更多项目通过互联网进入人们信息视野。例如各大旅游景区、车票、酒店等放置在携程网、美团等空中下载(OTA)平台。一方面便于游客提前购买旅游景点门票,节约时间成本,提高游客体验满意度;另一方面则能提前帮助游客了解景区信息、活动详情、相关规定等,提高游客对于景区的了解认知。对于农业销售,农民直接通过抖音、小红书、微博等平台向外营销农副产品,扩大销售渠道,提高农业收入。对于消费者,其购买成本降低、减少信息不对称造成的损失及额外付出成本。因此,农旅耦合应该强化应用互联网,通过转变宣传、营销手段,加大活用网络资源,及时发布更新景区动态,更新现代化旅游发展模式。在适当环境下尽快融入智慧旅游时代,加快研制景区本身自媒体营销平台。例如在公共区域张贴二维码,游客通过扫描查询景区相关信息介绍、设计路线、活动,了解景区周边动态,进一步提高游客满意度、旅游目的地吸引力和景区竞争力。

为加快推动我国城乡旅游业发展应坚持实施农旅耦合。即衔接延伸乡村旅游业产业链,增加产业附加值,又把乡村旅游资源与农业资源转化为产业经济优势,进而转变为乡村市场竞争优势。不仅如此,坚持实施农旅耦合增添农村经济活力,拉动农村经济发展,带动城乡旅游业整体竞争互动发展,符合我国从旅游大国迈进旅游强国的政策思想。

7.5 活用整体资源，发挥"1+1>2"的效果

加大农旅耦合对乡村旅游业有凝集作用，能有效促进农村社区居民的协同参与和共享发展。推动乡村产业链向前向后多方面延伸，关注研发、生产、加工、物流、销售等产业链，鼓励农户参与进来，更好地完善产业链与农户利益联结机制，提高利益相关者收益，形成更大的合力，实现"1+1>2"的效果。

不断扩展农旅耦合空间以提升淬炼乡村文化，科学运用乡村整合资源，加强对旅游产品的创新开发。这不但满足了旅游者对乡村旅游消费、便捷、舒适、个性旅游服务等需求，并且推动了农村以信息、科技、交通与物流为主的其他现代服务业的发展。

实施政府战略策动，强化农旅耦合力度，政府应强化政策扶持，强化农旅耦合力度，进行制度创新。农旅耦合发展萌芽时期，政府需起领头作用，科学建立产业耦合管理体系制度，科学规划制定产业耦合发展蓝图。合理整合农业、农产品、农产品加工、农产品流通、休闲农业开发等领域扶持政策，避免资金链断裂。加强对贫困地区农旅耦合的财政转移支付力度，重点加强生态环境保护和基础设施建设。地方信贷机构合理开展信用贷款以拓宽农户融资渠道，鼓励开发农村荒山、荒沟、荒丘、荒滩等未利用土地发展休闲农业。

实施政府战略策动，使农旅耦合成为乡村旅游业发展主导模式。采取农旅耦合这种需求和要素对接于内在趋势的创新方法，意义在于能普遍增加农村地区非农劳动收入、经营性收入、投资收入等多元增收途径，增强其经济发展活力，有效促使城乡间、地区间不均衡状态的根本改善。

另外，政府需加大精准扶贫政策和基础设施建设力度，进一步完善基础设施建设。特别是交通闭塞的村庄，至少形成一条不低于7米宽，两边绿化各不少于1米的主干道，连接镇主要干道，进一步提升村庄形象和交通便利程度。

农旅耦合顺应我国经济发展的战略需求和旅游业发展的内在规律。由此，政府应科学实施战略策动和推动农旅耦合模式主导，通过金融、科技、税收等政策配合支持及灵活运用土地流转方式，内生发展乡村旅游业。农旅耦合旅游

业发展模式可缓和我国东西部和城乡间的经济冲突、发展不平衡的矛盾以及调整我国不协调的发展局面。

7.6 完善利益联结，保护提高农民利益

坚决保护提高农民利益，提升农民福祉是发展休闲农业和乡村旅游的根本出发点和落脚点。一方面政府部门不能通过行政命令强制取代农民做出决策判断，而应通过加大农民扶持力度、强化科学引导农业发展推进农业协调、规范、可持续发展。另一方面发展休闲农业和乡村旅游需要运用好资本、人才、管理等现代要素，农家乐关键在于农民乐，资本下乡不是替代剥夺农民，而是要带动农民。需创新完善利益联结机制，让广大农民平等参与其中，实现就业增收，共享农旅耦合发展成果。

坚决保护提高农民利益，在就业与创业上第一考虑当地居民，使其在农旅耦合发展中得到实际优惠。通过产业形式创新，发挥旅游开发者带动作用，同时协调好利益相关者间利益关系，合理补偿农旅耦合过程中受损基础产业和弱势群体。从完善粮食主产区利益补偿机制及扶持粮食生产政策措施着手。实行产补模式，将种粮面积补贴依据转至种粮面积及向国家出售商品粮数量补贴方式，使粮食补贴向种粮大户倾斜以调动农民耕作积极性。创新农旅耦合发展模式，科学划分规定工商资本进入区域及类别，鼓励创新发展特色农副产品相关新技术研发、旅游项目开发等。同时，政府加大农业土地用途管制力度，扩大农民受教育培训范围，提升农民服务意识及旅游接待水平，从而在农旅耦合中获得更大收益。

坚决保护提高农民利益、提高劳动者受教育水平是增加农民收入的根本途径。当地政府应向农民科学提供相应职业培训，使更多农民掌握一种或多种实用技术，增强农民劳动力市场竞争力。积极探索和建立以市场经济为导向，以定单、定向、定岗等培训形式实现培训一批输出一批，这既满足城市劳动力需求，又能保证农民在城市有效就业。

坚决保护提高农民利益。民营企业服务"三农"有效形式是增加农民最低工薪水平。政府需合理科学创造市场条件，支持民营经济发展，引导民营企业

吸纳农村富余劳动力以提高农民收入。

保护农业耕地，坚守土地红线，通过农旅耦合缓解我国建设用地供需矛盾。习近平指出，要坚持底线思维，以国土空间规划为依据，把城镇、农业、生态空间和生态保护红线、永久基本农田保护红线、城镇开发边界作为调整经济结构、规划产业发展、推进城镇化不可逾越的红线，立足本地资源禀赋特点、体现本地优势和特色。

坚决保护提高农民利益，加强政策调控和窗口指导，引导金融机构对农业信贷投入，完善农村金融服务体系，加快农村信用体系建设，提高金融对农村、农业、农民的服务效能。完善贷款政策管理机制，推进农村小额贷款业务发展。中国人民银行合理运用再贷款、再贴现等货币政策工具，增强农村信用社信贷实力，鼓励农民更好就业创业。

7.7　缩小区域差异，强化区域发展总体战略

2017年10月18日党的十九大报告指出实施区域协调发展战略。加大力度支持革命老区、民族地区、边疆地区、贫困地区加快发展，强化推进西部大开发政策发展新格局，加快东北等老工业基地振兴改革，发挥区域优势促进中部地区崛起，创新引领实现东部地区优化发展，建立更加有效的区域协调发展新机制。农旅耦合发展需要缩小区域差距，深入实施区域发展总体战略，更好地发挥区域协调发展战略效应。以区域发展总体战略为基础，实行分类指导，优化调整东、中、西、东北四个区域以缩小区域差异及强化区域发展总体战略。

缩小区域差异，应该从各个区域实事求是地进行。东部地区是我国经济发展先锋和改革开放先行者，旅游和农业产业发展较为成熟。为促进农旅耦合发展、缩小区域差距和深入实施区域发展总体战略，需不断深化区域自贸试验区、自贸实验港等制度探索，引领农旅耦合、新兴产业和现代服务业发展，打造具有国际影响力的旅游目的地和创新地。实现东部地区在转型升级、体制创新、全面开放等方面继续走在全国前列，提高东部地区发展新市场优势。中部地区是连接三大板块重要枢纽，历史底蕴浓厚，但资源运用率和农旅耦合程度低，经济发展较为缓慢。一方面加强区域交通优势和构建现代综合交通体系，能更

好地提高区域间沟通联系，推动旅游业和农业耦合区域均衡发展。同时，发展人才、市场、资源等区域优势，创建现代产业体系，更好地承接东部地区产业转移和拓展西部地区市场。另一方面增强中心城市和重点城市群汇集作用，优化区域资源合理配置，需要全面融入"一带一路"建设。这将推动沿国与我国交流合作，加快推进内陆开放型经济，增强中部地区整体竞争力以刺激群众旅游欲望。而西部地区为西部大开发政策实施重点区域，自2000年1月开始部署西部大开发以来，西部经济发展取得了重大进展，增长速度明显加快，"西电东送""南水北调""西气东输""青藏铁路"等项目硕果累累。但受交通区位、自然环境等区域因素影响，仍需采取强有力的措施以加快推进区域发展总体战略，强化公共基础设施建设，避免信息不对称。西部地区海拔高、少数民族数量多、地域特色尤为显著。自西部大开发以来，旅游人数因其独特的旅游资源持续上升，但区域差异仍是一大问题。政府加快精准扶贫，提高基本公共基础设施，提高游客承载力和发挥"一带一路"建设引领带动作用，提高开放型经济发展水平及完善西部地区生态环境建设以缓解区域差异所带来的矛盾。东北地区是我国重要农业工业基地，面临体制机制僵化和结构性矛盾突出等关键问题。东北振兴需要更加强调从深化体制机制改革上找出路，着力创新体制机制，积极改善市场环境，促进民营经济发展，进一步扩大对外开放与合作，推动供给侧改革，使东北经济涅槃重生。

着重关注重点发展区域，发挥引领作用，强化区域发展总体战略。党的十九大报告提出推动形成全面开放新格局，以"疏解北京非首都功能"为带动作用，推动京津冀协同发展。这证明区域发展将加强京津冀协同发展、长江经济带发展、粤港澳大湾区建设等国家重大区域战略协调发展，鼓励各省参与融入其中，尤其是促进西部地区、东北地区在更大范围与更高层次上开放，着力推进"五通"重大项目建设和向高质量转变发展。京津冀、长江中下游和广东等沿海地区都是我国旅游经济发展较好但发展速度持续下降区域。一方面推动京津冀协同发展需抓住"疏解北京非首都功能"这一核心要求，为类似区域发展提供经验借鉴。要以交通、生态、产业三个领域为重点，促进京津冀形成交通互联、生态共治、产业关联的分工协作格局，建设京津冀协同创新共同体。坚持"世界眼光、国际标准、中国特色、高点定位"理念，努力打造创新发展示范区，调整优化京津冀城市布局和空间结构，缩小河北与京津地区区域差异，推动城市间错位协调发展。一方面推动长江经济带发展，充分认识长江经济带对东中西部地区的独特优势，按照共抓大保护与不搞大开发要求，凸显修复长江生态环境，优化沿江城镇、人口和产业空间布局，推动长江上中下游互动协调合作，将长江经济带打造成有机融合高效的经济体，更好地发挥长江经济带作为促进东中西区域协调发展的重要支撑带作用。另一方面推动粤港澳大湾区发展建设，打造国际化大湾区。2019年2月，《粤港澳大湾区发展规划纲要》印发使粤港澳大湾区建设成为重大国家发展战略，推动我国区域协调发展战略深入全面升级。建设粤港澳大湾区首要明确粤港澳大湾区战略定位，需优化大湾区空间布局，提高区域发展协调性，建设国际科技创新中心和构建具备强力国际竞争力的现代产业体系。政府应充分运用粤港澳大湾区建设在区域发展协调及全面开放方面的引领功能，打造对全球具有辐射带动力、吸引力的国际化大湾区。

提高区域间交流合作，创新优化区域协调发展机制，增强区域发展协同性、联动性、整体性，重视深化改革体制机制创新。党的十九大报告强调，要建立更有效的区域协调发展新机制。2018年11月中共中央、国务院发布了《关于建立更加有效的区域协调发展新机制的意见》，就建立有效区域协调发展新机制进行部署，以促进区域协调发展向更高水平和更高质量迈进。当前，带动协同是我国区域发展战略的着重点，强调加强区域间交流合作，将极化效应向扩散效应转变，增强区域发展协调性。我国区域发展通过加大区域协调发展建设力度，更好地发挥区域经济发展扩散效应，协调解决跨区域发展制度难题，加强区域间协调合作。创新区域协调发展机制需关注市场机制作用，消除影响区域协调合作、公平竞争等各种障碍和市场壁垒，促进生产要素跨区域自由流动，推动区域经济分工合作发展以建立统一开放、竞争有序的市场体系。另外，在符合互利共赢的基础上，区域合作机制切实加大创新发展力度，开展多层次、多形式、多领域区域合作，注意保护支持区域合作组织保障、规划衔接、政策协调、利益分配、信息共享等机制创新。

深化区域发展总体战略，精准扶贫以缩小区域差异，解决贫困人口问题。健全东部发达地区对中部、西部和东北部欠发达地区精准支援制度，在推动资金和项目帮扶同时，加大教育、科技、人才等方面帮扶力度，增强欠发达地区自身发展能力，促进支援单方受益向双方受益转变，形成区域良性互动新局面。完善区域补偿机制和利益平衡机制，促进区际利益协调平衡。欠发达地区中的老少边穷地区就是缩小区域差异和精准扶贫的关键点。

老少边穷地区作为我国特殊困难地区，存在发展滞后、人才稀缺等制约区域协调发展问题。当前我国主要矛盾已经转变为人民日益增长的美好生活需要和不平衡不充分发展之间的矛盾。区域发展不平衡是一大难题，而老少边穷地区发展滞后是不平衡不充分发展的重要原因之一。但老少边穷地区保存程度与辨识度强，所蕴含的风俗习惯、乡土人情具有研究价值，游客吸引力强。党的十九大报告提出要坚持精准扶贫、精准脱贫，坚定解决区域性整体贫困问题、区域不平衡发展问题，做到脱真贫、真脱贫重点。为此，我国更加关注老少边穷地区发展这一关键问题，农旅耦合可以加大支持老少边穷地区改善公共基础设施力度，着力提高老少边穷地区基本公共服务能力，提高游客承载力和推动区域教育、卫生、文化、交通、旅游等事业发展。发展特色旅游产业及发展老少边穷地区优势产业，合理整合特色资源、发挥比较优势，进一步提高地区吸引力和可持续发展能力。加强老少边穷地区生态环境建设，坚守绿色扶贫，守住生态发展两条底线，平衡经济和生态效益。坚持大扶贫格局，创新政府、企业、社会组织等多元化利益相关者的帮扶模式，通过区域间协调发展扶贫合作、金融扶贫、定点扶贫及项目、技术、资源等扶贫方式，加大对老少边穷地区扶贫政策的支持力度。

附　录

附表1　湖南省旅游业和农业评价指标权重

子系统	一级指标	二级指标	权重	类型
旅游指标	规模指标	全省旅游总收入（亿元）	0.22650369	正向指标
		旅游总收入占GDP比重（%）	0.11250089	正向指标
		就业人数占总就业人数比重（%）	0.10468449	正向指标
	成长指标	旅游总收入增长率（%）	0.05764059	正向指标
		旅游就业增长率（%）	0.04692941	正向指标
	效率指标	旅游业劳动生产率（元/人）	0.10805037	正向指标
		旅游业增加值率（%）	0.09286213	正向指标
农业指标	规模指标	农林牧渔业总产值（亿元）	0.19860262	正向指标
		农林牧渔业总产值占GDP比重（%）	0.06290434	正向指标
		就业人数占总就业人数比重（%）	0.12497953	正向指标
	成长指标	农林牧渔业总产值增长率（%）	0.12973652	正向指标
		农业就业增长率（%）	0.07483781	正向指标
		农业固定资产投资增长率（%）	-0.01392900	负向指标
	效率指标	农业劳动生产率（元/人）	0.19882927	正向指标
		农业增加值率（%）	0.02017653	正向指标
		农业固定资产投资效果系数	0.20386233	正向指标

附表2　河南省旅游业和农业评价指标权重

子系统	一级指标	二级指标	权重	类型
旅游指标	规模指标	全省旅游总收入（亿元）	0.23528198	正向指标
		旅游总收入占GDP比重（%）	0.08534975	正向指标
		就业人数占总就业人数比重（%）	0.08986576	正向指标
	成长指标	旅游总收入增长率（%）	0.06615045	正向指标
		旅游就业增长率（%）	0.11198620	正向指标
	效率指标	旅游业劳动生产率（元/人）	0.11198620	正向指标
		旅游业增加值率（%）	0.11198620	正向指标

续表

子系统	一级指标	二级指标	权重	类型
农业指标	规模指标	农林牧渔业总产值（亿元）	0.09195740	正向指标
		农林牧渔业总产值占GDP比重（%）	0.07210663	正向指标
		就业人数占总就业人数比重（%）	0.10177692	正向指标
	成长指标	农林牧渔业总产值增长率（%）	0.02529423	正向指标
		农业就业增长率（%）	0.06205302	正向指标
		农业固定资产投资增长率（%）	0.04350023	正向指标
	效率指标	农业劳动生产率（元/人）	0.06205302	正向指标
		农业增加值率（%）	0.02455554	正向指标
		农业固定资产投资效果系数	0.51670301	正向指标

附表3　　湖北省旅游业和农业评价指标权重

子系统	一级指标	二级指标	权重	类型
旅游指标	规模指标	全省旅游总收入（亿元）	0.19711004	正向指标
		旅游总收入占GDP比重（%）	0.12995930	正向指标
		就业人数占总就业人数比重（%）	0.12398073	正向指标
	成长指标	旅游总收入增长率（%）	0.02789751	正向指标
		旅游就业增长率（%）	0.19680905	正向指标
	效率指标	旅游业劳动生产率（元/人）	0.07402263	正向指标
		旅游业增加值率（%）	0.09019513	正向指标
农业指标	规模指标	农林牧渔业总产值（亿元）	0.09786743	正向指标
		农林牧渔业总产值占GDP比重（%）	0.08733899	正向指标
		就业人数占总就业人数比重（%）	0.06267585	正向指标
	成长指标	农林牧渔业总产值增长率（%）	0.33941033	正向指标
		农业就业增长率（%）	0.05506957	正向指标
		农业固定资产投资增长率（%）	0.03443234	正向指标
	效率指标	农业劳动生产率（元/人）	0.06521726	正向指标
		农业增加值率（%）	0.02207984	正向指标
		农业固定资产投资效果系数	0.23590840	正向指标

附表4　　山东省旅游业和农业评价指标权重

子系统	一级指标	二级指标	权重	类型
旅游指标	规模指标	全省旅游总收入（亿元）	0.19293574	正向指标
		旅游总收入占GDP比重（%）	0.13512147	正向指标

续表

子系统	一级指标	二级指标	权重	类型
旅游指标	规模指标	就业人数占总就业人数比重（%）	0.10716093	正向指标
	成长指标	旅游总收入增长率（%）	0.03621282	正向指标
		旅游就业增长率（%）	0.07318679	正向指标
	效率指标	旅游业劳动生产率（元/人）	0.09229110	正向指标
		旅游业增加值率（%）	0.15130096	正向指标
农业指标	规模指标	农林牧渔业总产值（亿元）	0.14578419	正向指标
		农林牧渔业总产值占GDP比重（%）	0.12772339	正向指标
		就业人数占总就业人数比重（%）	0.04960235	正向指标
	成长指标	农林牧渔业总产值增长率（%）	0.07716936	正向指标
		农业就业增长率（%）	0.10917065	正向指标
		农业固定资产投资增长率（%）	0.10858747	正向指标
	效率指标	农业劳动生产率（元/人）	0.15661410	正向指标
		农业增加值率（%）	0.10290813	正向指标
		农业固定资产投资效果系数	0.12244037	正向指标

附表5　　　　陕西省旅游业和农业评价指标权重

子系统	一级指标	二级指标	权重	类型
旅游指标	规模指标	全省旅游总收入（亿元）	0.207572764	正向指标
		旅游总收入占GDP比重（%）	0.098007669	正向指标
		就业人数占总就业人数比重（%）	0.051403221	正向指标
	成长指标	旅游总收入增长率（%）	0.041796485	正向指标
		旅游就业增长率（%）	0.146430530	正向指标
	效率指标	旅游业劳动生产率（元/人）	0.182547024	正向指标
		旅游业增加值率（%）	0.074420471	正向指标
农业指标	规模指标	农林牧渔业总产值（亿元）	0.140267121	正向指标
		农林牧渔业总产值占GDP比重（%）	0.098337161	正向指标
		就业人数占总就业人数比重（%）	0.153105334	正向指标
	成长指标	农林牧渔业总产值增长率（%）	0.100883335	正向指标
		农业就业增长率（%）	0.082682076	正向指标
		农业固定资产投资增长率（%）	0.079713571	正向指标
	效率指标	农业劳动生产率（元/人）	0.148466059	正向指标
		农业增加值率（%）	0.096651529	正向指标
		农业固定资产投资效果系数	0.099893814	正向指标

附表 6　　　　　　江苏省旅游业和农业评价指标权重

子系统	一级指标	二级指标	权重	类型
旅游指标	规模指标	全省旅游总收入（亿元）	0.194946298	正向指标
		旅游总收入占 GDP 比重（%）	0.095963823	正向指标
		就业人数占总就业人数比重（%）	0.162221612	正向指标
	成长指标	旅游总收入增长率（%）	0.027708716	正向指标
		旅游就业增长率（%）	0.103831910	正向指标
	效率指标	旅游业劳动生产率（元/人）	0.103831910	正向指标
		旅游业增加值率（%）	0.103831910	正向指标
农业指标	规模指标	农林牧渔业总产值（亿元）	0.194319593	正向指标
		农林牧渔业总产值占 GDP 比重（%）	0.145136103	正向指标
		就业人数占总就业人数比重（%）	0.158126020	正向指标
	成长指标	农林牧渔业总产值增长率（%）	0.058740988	正向指标
		农业就业增长率（%）	0.044188977	正向指标
		农业固定资产投资增长率（%）	0.116429551	正向指标
	效率指标	农业劳动生产率（元/人）	0.093531458	正向指标
		农业增加值率（%）	0.112779760	正向指标
		农业固定资产投资效果系数	0.076747550	正向指标

附表 7　　　　　　安徽省旅游业和农业评价指标权重

子系统	一级指标	二级指标	权重	类型
旅游指标	规模指标	全省旅游总收入（亿元）	0.182855888	正向指标
		旅游总收入占 GDP 比重（%）	0.155772024	正向指标
		就业人数占总就业人数比重（%）	0.093690429	正向指标
	成长指标	旅游总收入增长率（%）	0.098616267	正向指标
		旅游就业增长率（%）	0.106512574	正向指标
	效率指标	旅游业劳动生产率（元/人）	0.185965273	正向指标
		旅游业增加值率（%）	0.022223054	正向指标
农业指标	规模指标	农林牧渔业总产值（亿元）	0.118171589	正向指标
		农林牧渔业总产值占 GDP 比重（%）	0.097035459	正向指标
		就业人数占总就业人数比重（%）	0.100076717	正向指标
	成长指标	农林牧渔业总产值增长率（%）	0.063706203	正向指标
		农业就业增长率（%）	0.067987014	正向指标
		农业固定资产投资增长率（%）	0.067955589	正向指标

续表

子系统	一级指标	二级指标	权重	类型
农业指标	效率指标	农业劳动生产率（元/人）	0.107952293	正向指标
		农业增加值率（%）	0.274921806	正向指标
		农业固定资产投资效果系数	0.102193331	正向指标

附表 8　　上海市旅游业和农业评价指标权重

子系统	一级指标	二级指标	权重	类型
旅游指标	规模指标	全市旅游总收入（亿元）	0.140997791	正向指标
		旅游总收入占 GDP 比重（%）	0.114981197	正向指标
		就业人数占总就业人数比重（%）	0.087136036	正向指标
	成长指标	旅游总收入增长率（%）	0.123786971	正向指标
		旅游就业增长率（%）	0.099061300	正向指标
	效率指标	旅游业劳动生产率（元/人）	0.099061300	正向指标
		旅游业增加值率（%）	0.142398424	正向指标
农业指标	规模指标	农林牧渔业总产值（亿元）	0.107368958	正向指标
		农林牧渔业总产值占 GDP 比重（%）	0.184828409	正向指标
		就业人数占总就业人数比重（%）	0.105909124	正向指标
	成长指标	农林牧渔业总产值增长率（%）	0.080916394	正向指标
		农业就业增长率（%）	0.033103914	正向指标
		农业固定资产投资增长率（%）	0.106502052	正向指标
	效率指标	农业劳动生产率（元/人）	0.170635456	正向指标
		农业增加值率（%）	0.107624154	正向指标
		农业固定资产投资效果系数	0.103111539	正向指标

附表 9　　山西省旅游业和农业评价指标权重

子系统	一级指标	二级指标	权重	类型
旅游指标	规模指标	全省旅游总收入（亿元）	0.24648443	正向指标
		旅游总收入占 GDP 比重（%）	0.15171816	正向指标
		就业人数占总就业人数比重（%）	0.14504819	正向指标
	成长指标	旅游总收入增长率（%）	0.04294673	正向指标
		旅游就业增长率（%）	0.08345845	正向指标
	效率指标	旅游业劳动生产率（元/人）	0.13370004	正向指标
		旅游业增加值率（%）	0.07240415	正向指标
农业指标	规模指标	农林牧渔业总产值	0.17708583	正向指标
		农林牧渔业总产值占 GDP 比重（%）	0.09470701	正向指标
		就业人数占总就业人数比重（%）	0.10119859	正向指标

续表

子系统	一级指标	二级指标	权重	类型
农业指标	成长指标	农林牧渔业总产值增长率（%）	0.11319145	正向指标
		农业就业增长率（%）	0.10211318	正向指标
		农业固定资产投资增长率（%）	0.07266536	正向指标
	效率指标	农业劳动生产率（元/人）	0.10313549	正向指标
		农业增加值率（%）	0.07364595	正向指标
		农业固定资产投资效果系数	0.16225714	正向指标

附表 10　广东省旅游业和农业评价指标权重

子系统	一级指标	二级指标	权重	类型
旅游指标	规模指标	全省旅游总收入（亿元）	0.21344079	正向指标
		旅游总收入占 GDP 比重（%）	0.11649185	正向指标
		就业人数占总就业人数比重（%）	0.16643488	正向指标
	成长指标	旅游总收入增长率（%）	0.03206891	正向指标
		旅游就业增长率（%）	0.08720402	正向指标
	效率指标	旅游业劳动生产率（元/人）	0.09562978	正向指标
		旅游业增加值率（%）	0.08789311	正向指标
农业指标	规模指标	农林牧渔业总产值（亿元）	0.16261284	正向指标
		农林牧渔业总产值占 GDP 比重（%）	0.16796528	正向指标
		就业人数占总就业人数比重（%）	0.09838189	正向指标
	成长指标	农林牧渔业总产值增长率（%）	0.08191265	正向指标
		农业就业增长率（%）	0.09958602	正向指标
		农业固定资产投资增长率（%）	0.07856782	正向指标
	效率指标	农业劳动生产率（元/人）	0.17970758	正向指标
		农业增加值率（%）	0.09817867	正向指标
		农业固定资产投资效果系数	0.03308724	正向指标

附表 11　四川省旅游业和农业评价指标权重

子系统	一级指标	二级指标	权重	类型
旅游指标	规模指标	全省旅游总收入（亿元）	0.21515678	正向指标
		旅游总收入占 GDP 比重（%）	0.12265106	正向指标
		就业人数占总就业人数比重（%）	0.05383078	正向指标
	成长指标	旅游总收入增长率（%）	0.10739248	正向指标
		旅游就业增长率（%）	0.11728400	正向指标
	效率指标	旅游业劳动生产率（元/人）	0.12779048	正向指标
		旅游业增加值率（%）	0.08796732	正向指标

续表

子系统	一级指标	二级指标	权重	类型
农业指标	规模指标	农林牧渔业总产值（亿元）	0.10362417	正向指标
		农林牧渔业总产值占GDP比重（%）	0.10019696	正向指标
		就业人数占总就业人数比重（%）	0.09090714	正向指标
	成长指标	农林牧渔业总产值增长率（%）	0.04951401	正向指标
		农业就业增长率（%）	0.02648863	正向指标
		农业固定资产投资增长率（%）	0.04096171	正向指标
	效率指标	农业劳动生产率（元/人）	0.11321933	正向指标
		农业增加值率（%）	0.27551371	正向指标
		农业固定资产投资效果系数	0.19957434	正向指标

附表12　　江西省旅游业和农业评价指标权重

子系统	一级指标	二级指标	权重	类型
旅游指标	规模指标	全省旅游总收入（亿元）	0.23619419	正向指标
		旅游总收入占GDP比重（%）	0.21119388	正向指标
		就业人数占总就业人数比重（%）	0.16553151	正向指标
	成长指标	旅游总收入增长率（%）	0.03563028	正向指标
		旅游就业增长率（%）	0.11247698	正向指标
	效率指标	旅游业劳动生产率（元/人）	0.05226968	正向指标
		旅游业增加值率（%）	0.06018779	正向指标
农业指标	规模指标	农林牧渔业总产值（亿元）	0.13083506	正向指标
		农林牧渔业总产值占GDP比重（%）	0.07609610	正向指标
		就业人数占总就业人数比重（%）	0.08013884	正向指标
	成长指标	农林牧渔业总产值增长率（%）	0.11083428	正向指标
		农业就业增长率（%）	0.10125457	正向指标
		农业固定资产投资增长率（%）	0.29791951	正向指标
	效率指标	农业劳动生产率（元/人）	0.09672883	正向指标
		农业增加值率（%）	0.03857168	正向指标
		农业固定资产投资效果系数	0.06762112	正向指标

附表13　　浙江省旅游业和农业评价指标权重

子系统	一级指标	二级指标	权重	类型
旅游指标	规模指标	全省旅游总收入（亿元）	0.16180005	正向指标
		旅游总收入占GDP比重（%）	0.11871428	正向指标
		就业人数占总就业人数比重（%）	0.17756507	正向指标
	成长指标	旅游总收入增长率（%）	0.08725148	正向指标

续表

子系统	一级指标	二级指标	权重	类型
旅游指标	成长指标	旅游就业增长率（%）	0.03945783	正向指标
	效率指标	旅游业劳动生产率（元/人）	0.08419362	正向指标
		旅游业增加值率（%）	0.08419362	正向指标
农业指标	规模指标	农林牧渔业总产值（亿元）	0.13210425	正向指标
		农林牧渔业总产值占GDP比重（%）	0.12888538	正向指标
		就业人数占总就业人数比重（%）	0.09541534	正向指标
	成长指标	农林牧渔业总产值增长率（%）	0.10918767	正向指标
		农业就业增长率（%）	0.03845073	正向指标
		农业固定资产投资增长率（%）	0.09120127	正向指标
	效率指标	农业劳动生产率（元/人）	0.15176748	正向指标
		农业增加值率（%）	0.07115181	正向指标
		农业固定资产投资效果系数	0.18183607	正向指标

附表14　云南省旅游业和农业评价指标权重

子系统	一级指标	二级指标	权重	类型
旅游指标	规模指标	全省旅游总收入（亿元）	0.17114259	正向指标
		旅游总收入占GDP比重（%）	0.14560226	正向指标
		就业人数占总就业人数比重（%）	0.14560226	正向指标
	成长指标	旅游总收入增长率（%）	0.05698644	正向指标
		旅游就业增长率（%）	0.11650890	正向指标
	效率指标	旅游业劳动生产率（元/人）	0.18375821	正向指标
		旅游业增加值率（%）	0.06389237	正向指标
农业指标	规模指标	农林牧渔业总产值（亿元）	0.15883099	正向指标
		农林牧渔业总产值占GDP比重（%）	0.09530280	正向指标
		就业人数占总就业人数比重（%）	0.09216474	正向指标
	成长指标	农林牧渔业总产值增长率（%）	0.16502499	正向指标
		农业就业增长率（%）	0.03996132	正向指标
		农业固定资产投资增长率（%）	0.05412309	正向指标
	效率指标	农业劳动生产率（元/人）	0.16862593	正向指标
		农业增加值率（%）	0.11658525	正向指标
		农业固定资产投资效果系数	0.10938088	正向指标

附表 15　　　　重庆市旅游业和农业评价指标权重

子系统	一级指标	二级指标	权重	类型
旅游指标	规模指标	全市旅游总收入（亿元）	0.11236709	正向指标
		旅游总收入占 GDP 比重（%）	0.02913108	正向指标
		就业人数占总就业人数比重（%）	0.42640105	正向指标
	成长指标	旅游总收入增长率（%）	0.09990829	正向指标
		旅游就业增长率（%）	0.06279669	正向指标
	效率指标	旅游业劳动生产率（元/人）	0.09433850	正向指标
		旅游业增加值率（%）	0.04803891	正向指标
农业指标	规模指标	农林牧渔业总产值（亿元）	0.11098033	正向指标
		农林牧渔业总产值占 GDP 比重（%）	0.09623866	正向指标
		就业人数占总就业人数比重（%）	0.40089462	正向指标
	成长指标	农林牧渔业总产值增长率（%）	0.03043062	正向指标
		农业就业增长率（%）	0.04228778	正向指标
		农业固定资产投资增长率（%）	0.04703449	正向指标
	效率指标	农业劳动生产率（元/人）	0.11322304	正向指标
		农业增加值率（%）	0.03275009	正向指标
		农业固定资产投资效果系数	0.12616037	正向指标

附表 16　　　　广西旅游业和农业评价指标权重

子系统	一级指标	二级指标	权重	类型
旅游指标	规模指标	全区旅游总收入（亿元）	0.13602557	正向指标
		旅游总收入占 GDP 比重（%）	0.14583537	正向指标
		就业人数占总就业人数比重（%）	0.04594745	正向指标
	成长指标	旅游总收入增长率（%）	0.01745429	正向指标
		旅游就业增长率（%）	0.17370579	正向指标
	效率指标	旅游业劳动生产率（元/人）	0.32633822	正向指标
		旅游业增加值率（%）	0.05696151	正向指标
农业指标	规模指标	农林牧渔业总产值（亿元）	0.05129902	正向指标
		农林牧渔业总产值占 GDP 比重（%）	0.03609258	正向指标
		就业人数占总就业人数比重（%）	0.33424604	正向指标
	成长指标	农林牧渔业总产值增长率（%）	0.03220162	正向指标
		农业就业增长率（%）	0.01232215	正向指标
		农业固定资产投资增长率（%）	0.13891220	正向指标

续表

子系统	一级指标	二级指标	权重	类型
农业指标	效率指标	农业劳动生产率（元/人）	0.05348986	正向指标
		农业增加值率（%）	0.03240968	正向指标
		农业固定资产投资效果系数	0.30902684	正向指标

附表17　内蒙古旅游业和农业评价指标权重

子系统	一级指标	二级指标	权重	类型
旅游指标	规模指标	全区旅游总收入（亿元）	0.17197152	正向指标
		旅游总收入占GDP比重（%）	0.12413976	正向指标
		就业人数占总就业人数比重（%）	0.05943077	正向指标
	成长指标	旅游总收入增长率（%）	0.07593221	正向指标
		旅游就业增长率（%）	0.05940940	正向指标
	效率指标	旅游业劳动生产率（元/人）	0.12298291	正向指标
		旅游业增加值率（%）	0.08915058	正向指标
农业指标	规模指标	农林牧渔业总产值（亿元）	0.11427261	正向指标
		农林牧渔业总产值占GDP比重（%）	0.21328999	正向指标
		就业人数占总就业人数比重（%）	0.10024197	正向指标
	成长指标	农林牧渔业总产值增长率（%）	0.08464628	正向指标
		农业就业增长率（%）	0.03105757	正向指标
		农业固定资产投资增长率（%）	0.13053146	正向指标
	效率指标	农业劳动生产率（元/人）	0.10950470	正向指标
		农业增加值率（%）	0.10779599	正向指标
		农业固定资产投资效果系数	0.10865944	正向指标

附表18　河北省旅游业和农业评价指标权重

子系统	一级指标	二级指标	权重	类型
旅游指标	规模指标	全省旅游总收入（亿元）	-0.08348580	负向指标
		旅游总收入占GDP比重（%）	-0.10981870	负向指标
		就业人数占总就业人数比重（%）	0.16643457	正向指标
	成长指标	旅游总收入增长率（%）	0.18879303	正向指标
		旅游就业增长率（%）	0.17245986	正向指标
	效率指标	旅游业劳动生产率（元/人）	0.12103369	正向指标
		旅游业增加值率（%）	0.15823014	正向指标

续表

子系统	一级指标	二级指标	权重	类型
农业指标	规模指标	农林牧渔业总产值（亿元）	0.14093122	正向指标
		农林牧渔业总产值占GDP比重（%）	0.22692433	正向指标
		就业人数占总就业人数比重（%）	0.18325820	正向指标
	成长指标	农林牧渔业总产值增长率（%）	0.14703736	正向指标
		农业就业增长率（%）	0.16865004	正向指标
		农业固定资产投资增长率（%）	0.23409428	正向指标
	效率指标	农业劳动生产率（元/人）	0.16030429	正向指标
		农业增加值率（%）	0.18162593	正向指标
		农业固定资产投资效果系数	0.15411936	正向指标

附表19　中东西部 2000—2005 年旅游业与农业耦合协调度

省（区市）	2000年	2001年	2002年	2003年	2004年	2005年
湖南	0.2728971	0.2600928	0.2211723	0.2093981	0.3372639	0.294958
河南	0.1708508	0.3312571	0.1774270	0.2041806	0.2608171	0.511224
安徽	0.3040950	0.2936605	0.3078520	0.3616549	0.3391103	0.285436
上海	0.3018411	0.3487414	0.4032029	0.3204492	0.3455868	0.360039
湖北	0.2417070	0.1241869	0.2858594	0.2426112	0.2501603	0.240387
山东	0.2897739	0.3707963	0.3257075	0.3288436	0.4255970	0.334462
陕西	0.3902610	0.3762434	0.3640439	0.2351823	0.3468053	0.299287
江苏	0.1486128	0.2235006	0.2614547	0.2428922	0.2969356	0.315315
四川	0.4517761	0.4140785	0.4287130	0.3579241	0.4112579	0.304012
山西	0.2126324	0.1331528	0.1962489	0.1988426	0.2546606	0.301566
江西	0.1871317	0.1265537	0.1498003	0.1267338	0.2367563	0.334519
广东	0.1883730	0.2140867	0.2188719	0.2363290	0.2811706	0.294769
浙江	0.2957607	0.2554342	0.2972689	0.4015992	0.3557467	0.309746
云南	0.2933927	0.3018393	0.3169661	0.2625667	0.3186930	0.256003
重庆	0.2440304	0.6523769	0.2741215	0.2189996	0.2588893	0.232042
广西	0.2097454	0.1656033	0.1084272	0.1006397	0.1177304	0.112491
内蒙古	0.4359752	0.4821958	0.3978194	0.2948668	0.3861082	0.311450
河北	0.2930410	0.3973701	0.4154327	0.4173900	0.5968480	0.565828

附表20　中东西部2006—2011年旅游业与农业耦合协调度

省（区市）	2006年	2007年	2008年	2009年	2010年	2011年
湖南	0.2413456	0.2896693	0.3320470	0.2943673	0.4149500	0.450146
河南	0.2914374	0.3218751	0.3031485	0.3295704	0.3437694	0.384161
安徽	0.3121398	0.3437852	0.3392330	0.2235788	0.2557775	0.333430
上海	0.3794628	0.3918662	0.4043218	0.4247320	0.4560071	0.496920
湖北	0.2963439	0.2349847	0.3381652	0.3142298	0.2912911	0.378605
山东	0.3146671	0.4065200	0.4637315	0.3923352	0.4469111	0.499741
陕西	0.3544458	0.3362786	0.3306994	0.2740335	0.2922379	0.347558
江苏	0.3633237	0.3590008	0.4126921	0.4544287	0.4893017	0.545604
四川	0.3030819	0.3007186	0.2698181	0.3138220	0.3244951	0.363722
山西	0.2679074	0.2807704	0.3301694	0.4502274	0.4479349	0.450171
江西	0.2995210	0.2598085	0.3507393	0.3018976	0.3255812	0.367650
广东	0.3029194	0.3242901	0.3486106	0.3989443	0.4602018	0.501054
浙江	0.2881691	0.3581374	0.3810412	0.3740558	0.4599342	0.507268
云南	0.2306322	0.2740583	0.2470666	0.2302289	0.2372245	0.304616
重庆	0.2135675	0.2419267	0.2453153	0.2281088	0.2485871	0.260861
广西	0.1073127	0.1222451	0.1200204	0.1184585	0.1380738	0.151963
内蒙古	0.3445878	0.3435392	0.3415725	0.3123521	0.2742927	0.321310
河北	0.6035421	0.6248148	0.6467438	0.6994982	0.7332756	0.764881

附表21　中东西部2012—2017年旅游业与农业耦合协调度

省（区市）	2012年	2013年	2014年	2015年	2016年	2017年
湖南	0.4633832	0.4677095	0.5098837	0.5346909	0.6500383	0.704129
河南	0.4068686	0.4300197	0.4654021	0.4895769	0.5285658	0.569879
安徽	0.3474083	0.3396634	0.3607759	0.4062358	0.4494253	0.516483
上海	0.5132711	0.5208922	0.5173761	0.5353489	0.5421663	0.587798
湖北	0.3430773	0.3256878	0.4550537	0.4109950	0.4308537	0.636816
山东	0.5193975	0.531517	0.5621303	0.6004712	0.6058637	0.646251
陕西	0.3427284	0.381452	0.3775298	0.4276814	0.4775896	0.539761
江苏	0.5890580	0.6358387	0.6737854	0.7099602	0.7650111	0.739899
四川	0.3149368	0.2990135	0.3077179	0.3623447	0.4080317	0.397566
山西	0.4594743	0.5414531	0.5739008	0.5444065	0.5850004	0.650520
江西	0.3965267	0.3812439	0.4384835	0.4761059	0.5282085	0.585665

续表

省（区市）	2012 年	2013 年	2014 年	2015 年	2016 年	2017 年
广东	0.5530341	0.5939889	0.6421001	0.6750226	0.7380088	0.786563
浙江	0.4366609	0.4072834	0.3878651	0.4300034	0.4546246	0.478244
云南	0.3103177	0.3086615	0.3301400	0.3703447	0.5041412	0.572530
重庆	0.2572646	0.2548959	0.2573394	0.2410728	0.2850146	0.308601
广西	0.1486065	0.1629094	0.4849080	0.2757279	0.2542283	0.284062
内蒙古	0.3335367	0.3762815	0.3725200	0.3734007	0.3918341	0.454554
河北	0.8064984	0.8081130	0.8829427	0.9151500	0.9315659	0.839744

主要参考文献

[1] [瑞典] 缪尔达尔. 经济理论与不发达区域 [M]. 陈瑞, 译. 北京: 北京经济学院出版社, 1991: 34.

[2] "政府间财政均衡制度研究"课题组. 各国财政均衡制度的主要做法及经验教训 [J]. 经济研究参考, 2006 (10): 14-41.

[3] 安虎森. 增长极理论评述 [J]. 南开经济研究, 1997 (01): 31-37.

[4] 暴向平, 张利平, 庞燕, 贾福平. 乌兰察布市文化产业与旅游产业耦合协调度分析 [J]. 西北师范大学学报 (自然科学版), 2019, 55 (01): 115-120.

[5] 蔡碧凡, 方叶林. 中国大陆入境旅游与国内旅游经济时空差异研究 [J]. 中国人口·资源与环境, 2016, 26 (5): 297-301.

[6] 曾鹏, 罗艳. 中国十大城市群旅游规模差异及其位序规模体系的比较 [J]. 统计与决策, 2012 (24): 62-65.

[7] 陈刚强. 中国地市旅游经济差异的时空演变特征 [J]. 地域研究与开发, 2012, 31 (4): 91-95.

[8] 陈洁. 益阳市旅游业与农业融合度评价研究 [D]. 湘潭: 湘潭大学, 2014.

[9] 陈秀山, 徐英. 中国区域经济差距影响因素的实证研究 [J]. 中国社会科学, 2004 (5).

[10] 陈银娥, 钟学进. 长江经济带城市旅游规模差异及位序规模分布优化研究 [J]. 江汉论坛, 2016 (12): 36-42.

[11] 程进, 陆林. 安徽省区域旅游经济差异研究 [J]. 安徽师范大学学报 (自然科学版), 2010, 33 (1): 81-85.

[12] 楚义芳, 钱小芙. 关于旅游地理的几个问题 [J]. 经济地理, 1987 (02): 137-143.

[13] 崔启源. 测算中国省际地区差距的问题 [M]. 北京: 北京中国统计出版, 1995.

[14] 方世敏,陈洁. 南洞庭湖区旅游与农业融合效应评价及发展对策 [J]. 湖南城市学院学报,2013,34 (6):78-83.

[15] 方琰,卞显红. 长江三角洲旅游经济差异时空演变分析 [J]. 旅游论坛,2014 (02):50-56.

[16] 傅云新,胡兵,王烨. 中国 31 省市旅游竞争力时空演变分析 [J]. 经济地理,2012 (6):146-151.

[17] 甘静,郭付友,陈才等. 吉林省旅游经济差异性及其空间格局研究 [J]. 地域研究与开发,2016,35 (06):121-127.

[18] 高芳,康嫄洁. 旅游区划视角下的云南入境旅游经济区域差异研究 [J]. 中国人口·资源与环境,2017,27 (S1):245-249.

[19] 高露文. 丹东市休闲农业与旅游业耦合发展研究 [D]. 长春:吉林大学,2018.

[20] 郭晓东,张启媛,逯晓芸等. 1991—2010 年我国旅游外汇收入省际差异的演变分析 [J]. 地域研究与开发,2012,31 (05):67-72.

[21] 郝金连,林善浪,王利. 长江经济带入境旅游经济时空格局动态性:基于 ESDA&GWR 法 [J]. 长江流域资源与环境,2017,26 (10):1498-1507.

[22] 郝俊卿,曹明明. 基于时空尺度下陕西省旅游经济差异及形成机制研究 [J]. 旅游科学,2009 (06):35-39.

[23] 何成军. 休闲农业与美丽乡村耦合协调度评价研究 [D]. 成都:成都理工大学. 2015.

[24] 何仁芳. 中国—东盟博览会对南宁市旅游经济的影响研究 [J]. 旅游论坛,2017,10 (2):118-124.

[25] 何伟. 少数民族地区乡村旅游发展模式探讨 [D]. 成都:四川大学,2016.

[26] 何勋. 特色农业与旅游产业耦合的动力机制及其发展模式研究 [J]. 阿坝师范高等专科学校学报,2011 (6):41-44.

[27] 赫希曼. 经济发展战略 [M]. 北京:经济科学出版社,1981.

[28] 胡文海,孙建平,余菲菲. 安徽省区域旅游经济发展的时空格局演变 [J]. 地理研究,2015,34 (9):1795-1806.

[29] 晃丽钧,甘巧林. 论恩格尔系数与城镇居民旅游需求关系——以中山市、顺德区为例 [J]. 桂林旅游高等专科学校学报,2007,18 (3):341-344.

[30] 贾埼, 吕弼顺, 赵贞海, 陈孝, 张蕾. 延边地区国内旅游流的空间结构与行为特征分析 [J]. 延边大学农学学报, 2010 (02).

[31] 李国柱. 经济增长与环境协调发展的计量分析 [M]. 北京: 中国经济出版社, 2007.

[32] 李连璞, 曹明明, 杨新军. "资源、规模和效益" 同步错位关系及路径转化——31 个省（区、直辖市）旅游发展比较研究 [J]. 旅游学刊, 2006, 21 (12): 81-84.

[33] 李天芳. 基于产业耦合理论的我国生态农业与生态旅游业协调发展研究 [J]. 理论探讨, 2016, 190 (3): 78-82.

[34] 李天元. 旅游学 [M]. 北京: 高等教育出版社, 2014: 122-131.

[35] 李天元. 旅游学概论 [M]. 天津: 南开大学出版社, 2013.

[36] 李祥, 孙巧云, 冯露. 现代都市休闲农业与乡村旅游资源整合开发研究 [J]. 现代都市休闲农业与乡村旅游资源整合开发研究, 2016 (3).

[37] 李在军, 管卫华. 山东省旅游经济的时空演变格局探究 [J]. 经济地理, 2013, 33 (7): 176-182.

[38] 厉新建, 可妍. 国外旅游就业研究综述 [J]. 北京第二外国语学院学报, 2006 (1): 12-15.

[39] 厉新建, 张凌云, 崔莉. 建设世界一流旅游目的地的理念创新 [J]. 全域旅游, 2013 (3): 130-134.

[40] 梁豁. 武汉城市圈旅游流空间结构理论分析 [J]. 旅游论坛, 2011, 4 (2): 77-81.

[41] 梁伟军. 产业融合与现代农业发展 [M]. 武汉: 华中科技大学出版社, 2012.

[42] 刘定惠, 杨永春. 区域经济—旅游—生态环境耦合协调度研究——以安徽省为例 [J]. 长江流域资源与环境, 2011, 20 (7): 892-896.

[43] 刘佳, 赵金金, 张广海. 中国旅游产业集聚与旅游经济增长关系的空间计量分析 [J]. 经济地理, 2013, 33 (4): 186-192.

[44] 刘军胜, 马耀峰, 吴冰. 入境旅游流与区域经济耦合协调度时空差异动态分析——基于全国 31 个省区 1993—2011 年面板数据 [J]. 经济管理, 2015, 37 (3): 33-43.

[45] 刘军胜, 马耀峰. 河南省城市入境旅游规模与位序差异化 [J]. 经济

地理, 2012 (6): 150-155.

[46] 刘卫东. 我国省际区域经济发展水平差异的历史变化过程分析 (1952—1995) [J]. 经济地理, 1997, 17 (2): 28-32.

[47] 卢现祥. 我国制度经济学研究中的四人问题 [J]. 中南财经政法大学学报, 2002, (1).

[48] 吕守军, 严成男. 循环累积因果论与资本主义的不平等——从法国调节学派理论看皮凯蒂的《21世纪资本论》[J]. 河北经贸大学学报, 2015, 36 (06): 9-13.

[49] 麻红晓, 罗世伟. 三峡库区旅游业与区域经济发展的互动关系研究 [J]. 涪陵师范学院学报, 2005 (5): 35-37.

[50] 马菲菲. 湘西地区休闲农业与旅游业耦合发展研究 [D]. 吉首: 吉首大学, 2012.

[51] 马慧强, 刘美琪, 弓志刚. 北京市旅游经济区域差异实证研究 [J]. 资源开发与市场, 2017, 33 (01): 116-119, 124.

[52] 马仁峰, 张文忠. 浙江旅游经济时空差异的多尺度研究 [J]. 经济地理, 2015, 35 (7): 176-183.

[53] 马晓龙, 保继刚. 中国主要城市旅游效率的区域差异与空间格局 [J]. 人文地理, 2010 (1): 105-110.

[54] 马晓龙. 西安旅游区入境旅游流时空演变及系统调控 [J]. 人文地理, 2006, 21 (4): 88-93.

[55] 迈克尔·波特. 国家竞争优势 [M]. 北京: 华夏出版社, 2002, 1: 212-250.

[56] 毛润泽. 中国区域旅游经济发展影响因素的实证分析 [J]. 经济问题探索, 2012 (8): 48-53.

[57] 孟祥伟. 旅游产业核心竞争力与区域经济发展——以保定市为例 [D]. [博士学位论文]. 河北工业大学, 2010.

[58] 欧阳南江. 改革开放以来广东省区域差异的发展变化 [J]. 地理学报, 1993, 48 (3): 204-217.

[59] 庞娇, 魏来. 特色旅游业与农业耦合协调发展的动力机制与路径——以中国18个产茶省份为例 [J]. 世界农业, 2018 (11): 246-253.

[60] 申葆嘉, 占佳. 中国旅游发展笔谈——旅游产业的范围与地位 [J].

旅游学刊, 2007, 22 (11): 5-9.

[61] 苏方林, 徐建华, 包惠. 中国省际区域经济发展差异的实证分析 [J]. 北方经济, 2004 (11).

[62] 苏建军. 区域旅游经济发展水平非均衡演变的时空差异研究——以山西省为例 [J]. 技术经济, 2009, 28 (7): 73-108.

[63] 孙建军. 我国基本公共服务均等化供给政策研究 [D]. 杭州: 浙江大学, 2010.

[64] 覃成林. 中国区域经济差异变化的空间特征及其政策含义研究 [J]. 地域研究与开发, 1998.17 (12): 37-40.

[65] 覃成林. 中国区域经济差异研究 [M]. 北京: 中国经济出版社, 1997.

[66] 唐涧, 吴晋峰. 中国入境观光休闲旅游流空间结构与流动特征 [J]. 经济管理, 2012, 35 (10): 130-142.

[67] 唐顺铁, 郭来喜. 旅游流体系研究 [J]. 旅游学刊, 1998, 18 (3): 338-341.

[68] 唐晓云. 生产要素视角的中国旅游经济发展区域差异研究 [J]. 经济地理, 2010 (10): 1742-1745.

[69] 唐业喜, 陈艳红, 龙明璐, 刘博雅, 聂登徐. 张家界大鲵产业与旅游产业耦合协调度实证分析 [J]. 资源开发与市场, 2018, 34 (12): 1766-1770.

[70] 涂玮, 黄震方, 方叶林. 基于网络团购的虚拟旅游流空间差异及动力机制研究 [J]. 地域研究与开发, 2013, 32 (4): 84-89.

[71] [日] 土井厚. 旅游概论 [M]. 天津: 天津人民出版社, 1983.

[72] 万绪才, 王厚廷, 傅朝霞等. 中国城市入境旅游发展差异及其影响因素——以重点旅游城市为例 [J]. 地理研究, 2013 (2): 139-148.

[73] 汪德根, 陈田. 基于竞争力评价的区域旅游产业发展差异——以中国东部沿海三大旅游圈为例 [J]. 长江流域资源与环境, 2011, 30 (2): 249-256.

[74] 汪德根, 陈田. 中国旅游经济区域差异的空间分析 [J]. 地理科学, 2011 (5): 19-27.

[75] 王洪桥, 袁家冬, 孟祥君. 东北三省旅游经济差异的时空特征分析 [J]. 地理科学, 2014, 34 (2): 164-169.

[76] 王启仿. 区域经济差异及其影响因素研究 [D]. 南京: 南京农业大

学,2003.

[77] 王湘. 论旅游地的旅游环境质量评价 [J]. 北京联合大学学报,2001,15 (2): 35-38.

[78] 王一鸣. 实施区域协调发展战略 [N]. 经济日报,2017-11-16 (010).

[79] 王毅,丁正山,余茂军,尚正永,宋晓雨,常夏洁. 基于耦合模型的现代服务业与城市化协调关系量化分析——以江苏省常熟市为例 [J]. 地理研究,2015,34 (01): 97-108.

[80] 王兆峰,余含. 西南地区旅游业发展的区域响应差异分析 [J]. 地理科学,2013,33 (03): 322-328.

[81] 王中雨. 休闲农业中旅游业与农业耦合发展研究——以河南省为例 [D]. 山西: 山西财经大学,2017.

[82] 魏后凯. 论我国区际收入差异的变动格局 [J]. 经济研究,1994,12: 61-65,55.

[83] 魏后凯. 现代区域经济学 [M]. 北京: 经济管理出版社,2005.

[84] 魏卫,陈雪钧. 旅游产业经济贡献综合评析——以湖北省为例 [J]. 经济地理,2006,26 (2): 331-334.

[85] 吴冰,马耀峰. 等入境旅游流与饭店业的耦合协调度分析——以西安市为例 [J]. 西北大学学报 (自然科学版),2012,42 (1): 121-126.

[86] 吴殿廷. 区域经济学 [M]. 北京: 科学出版社,2009: 123-124.

[87] 吴芳梅,曾冰. 环境约束下民族地区旅游经济效率及其影响因素研究 [J]. 经济问题探索,2016 (07): 177-184.

[88] 席建超,葛全胜. 长江国际黄金旅游带对区域旅游创新发展的启示 [J]. 地理科学展,2015,34 (11): 1449-1457.

[89] 夏永详. 我国区域发展差距分析 [J]. 中国工业经济研究,1994 (11).

[90] 向艺,郑林,王成璋. 旅游经济增长因素的空间计量研究 [J]. 经济地理,2012,32 (6): 163-166.

[91] 谢彦君. 基础旅游学 [M]. 2版. 北京: 中国旅游出版社,2004: 341.

[92] 颜鹏飞,马瑞. 经济增长极理论的演变和最新进展 [J]. 福建论坛 (人文社会科学版),2003 (01): 71-75.

[93] 杨红. 生态农业与生态旅游业耦合机制研究 [D]. 重庆：重庆大学，2009.

[94] 杨开忠. 集聚人才关键在于投资地方品质 [N]. 中国城市报，2018-02-05（002）.

[95] 杨莎莎，裴金平. 基于锡尔系数的1995—2008年中国三大地带旅游发展差异研究 [J]. 经济问题探索，2011（3）：114-119.

[96] 杨霞，刘晓鹰. 四川省旅游经济的区域差异研究 [J]. 西南民族大学学报（人文社会科学版），2012（9）：138-142.

[97] 杨秀平，翁钢民，张雪梅. 耦合理论在旅游研究中应用领域的国内研究评述与展望 [J]. 地域研究与开发，2013，32（6）：67-73.

[98] 杨勇. 旅游业与我国经济增长关系的实证研究 [J]. 旅游科学，2006，20（2）：40-46.

[99] 叶静怡. 发展经济学 [M]. 北京：北京大学出版社，2003.

[100] 于伟，张鹏. 我国省域旅游经济发展差异演变和解释：结构和影响因素的双重考察 [J]. 干旱区资源与环境，2015，20（10）：192-197.

[101] 袁中许. 乡村旅游业与大农业耦合的动力效应及发展趋向 [J]. 旅游学刊，2013，28（05）：80-88.

[102] 张百菊. 吉林省旅游业与休闲农业耦合关系研究 [J]. 中国农业资源与区划，2018，39（10）：236-240.

[103] 张敦富，覃成林. 中国区域经济差异与协调发展 [M]. 北京：中国轻工业出版社，2001.

[104] 张广海，冯英梅. 我国旅游产业效率测度及区域差异分析 [J]. 商业研究，2013（05）：101-107.

[105] 张红军，郑谦，李学兰. 安徽省旅游业与农业融合发展对策研究 [J]. 江西科技师范大学学报，2018（04）：42-49.

[106] 张红颖. 旅游业在西班牙经济发展中的作用 [D]. 北京：对外经济贸易大学，2006.

[107] 张洁. 我国乡村旅游可持续发展的研究. [D]. 天津：天津大学，2015.

[108] 张孟梦. 乡村振兴背景下河南省农业与旅游业耦合协调发展研究 [D]. 开封：河南大学，2019.

[109] 张文建, 陈琳. 产业融合框架下的农业旅游新内涵与新形态 [J]. 旅游论坛, 2009, 2 (5): 704-708.

[110] 张晓梅, 程绍文, 李照红. 长江经济带入境旅游经济的时空差异分析 [J]. 华中师范大学学报 (自然科学版), 2016, 50 (5): 783-790.

[111] 张晓鸣, 保继刚. 旅游区域经济影响评价研究述评 [J]. 桂林旅游高等专科学校学报, 2004, 15 (2): 38-42.

[112] 张英, 陈俊合, 熊焰. 旅游业与农业耦合关系研究及实证——以湖南张家界市为例 [J]. 中南民族大学学报 (人文社会科学版), 2015, 35 (06): 109-113.

[113] 张勇. 新常态下西部地区经济转型与环境承载力耦合关系 [J]. 社会科学家, 2016 (06): 61-65.

[114] 张佑印, 顾静, 马耀峰. 旅游流研究的进展、评价与展望 [J]. 旅游学刊, 2013, 28 (6): 38-46.

[115] 张子昂, 黄震方, 孔少君. 新疆经济时空差异收敛性分析及影响因素研究 [J]. 南京师大学报 (自然科学版), 2016, 39 (2): 134-142.

[116] 赵磊. 中国旅游经济发展时空差演变: 1999—2009 [J]. 旅游论坛, 2014, 7 (02): 6-15.

[117] 赵磊, 方成, 毛聪玲. 旅游业与贫困减缓——来自中国的经验证据 [J]. 旅游学刊, 2018, 33 (5): 15-16.

[118] Adam K L. Entertainment farming and agri-tourism [J]. Business & Marketing Series, 2004, (9): 1-16.

[119] Aditya R. Khanal, Ashok K. Mishra, Omobolaji Omobitan. Examining organic, agritourism, and agri-environmental diversification decisions of American farms: are these decisions interlinked [J]. Review of Agricultural, Food and Environmental Studies, 2019, 100 (1).

[120] Agritourism alive and well in Indiana [J]. Southwest Farm Press, 2019.

[121] Akpinar N, Talay I, Ceylan C, et al. Rural women and agrotourism in the context of sustainable rural development: a case study from Turkey [J]. Kluwer Journal, 2004, (6): 473-486.

[122] Akpinar N. The Sustainable development about farm tourism [J]. New Zealand Geographer, 2005, 36 (2): 79-84.

[123] An Application for Sustainable tourism in Andalusian Coastal Counties [J]. Ecological Economics, 2010, 69 (11): 2158-2172.

[124] Anders Van Sandt, Sarah A Low, Dawn Thilmany. Exploring Regional Patterns of Agritourism in the U.S.: What's Driving Clusters of Enterprises [J]. Agricultural and Resource Economics Review, 2018, 47 (3).

[125] Anonymous. How to Order Agritourism Signs and Customized POSTED Signs [J]. The Cattleman, 2019, 106 (3).

[126] Approach for Generating Fuzzy Numbers to Aassess the Competitiveness of the Tourism Industries in Asian Countries [J]. Tourism Management, 2012, 33 (2): 456-465.

[127] Archer B. Importance of Tourism for the Economy of Bermuda [J]. Annals of Tourism Research, 1995, 22 (4): 918-930.

[128] Archer B. The Economic Impact of Tourism in the Seychelles [J]. Annals of Tourism Research, 1996, 23 (1): 32-47.

[129] Bagi, Faqir. Agritourism Farms Are More Diverse Than Other U.S. Farms [J]. Amber Waves, 2014.

[130] Bendl M. Neue Impulse Fur Agritourism Durch Land and Wirtshaft [J]. Forderungsdienst, 1997, 45 (1): 25.

[131] Benjianmin Dawyn, Loren Brandt and Guo li, market, human capital, and Inequality: Evidence From Rural China, Unpublished Paper, Unversity of Toronto.

[132] Blancas F J, Gonzlez M, Lozano-Oyola M, et al. The Assessment of Sustainable Tourism: Application to Spanish Coastal Destinations [J]. Ecological Indicators, 2010, 10 (2): 484-492.

[133] Brau, Rinaldo; Lanza, Alessandro; Pigliaru, Francesco. How fast are small tourism countries growing? Evidence from the data for 1980-2003 [J]. Tourism Economics. 2007 (13): 603-613.

[134] Busby G, Rendle S. The transition from tourism on farms to farm tourism [J]. Tourism Management, 2000 (6): 635-642.

[135] California specialty crop agritourism workshops June 14 - Oct. 4 [J]. Western Farm Press, 2012.

[136] Carpio, Carlos E, Wohlgenant, Michael K, Boonsaeng, Tullaya. The Demand for Agritourism in the United States [J]. Journal of Agricultural and Resource Economics, 2008, 33 (2).

[137] Che D, Veek A, Veek G. Sustainable production and strengthening the agritourism product: linkage among Michigan agritourism destinations [J]. Agriculture and Human Values, 2005, 22 (2): 225-234.

[138] Chris Torres. Agritourism liability workshop added to New York Farm Show [J]. Farm Industry News, 2019.

[139] Christine Tew, Carla Barbieri. The perceived benefits of agritourism: The provider's perspective [J]. Tourism Management, 2011, 33 (1).

[140] Christopher Lucha, Gustavo Ferreira, Martha Walker, Gordon Groover. Profitability of Virginia's Agritourism Industry: A Regression Analysis [J]. Agricultural and Resource Economics Review, 2016, 45 (1).

[141] Claudia Gil Arroyo, Carla Barbieri, Samantha Rozier Rich. Defining agritourism: A comparative study of stakeholders' perceptions in Missouri and North Carolina [J]. Tourism Management, 2013, 37.

[142] Claudio Lupi, Vincenzo Giaccio, Luigi Mastronardi, Agostino Giannelli, Alfonso Scardera. Exploring the features of agritourism and its contribution to rural development in Italy [J]. Land Use Policy, 2017, 64.

[143] Corinne Valdivia, Carla Barbieri. Agritourism as a sustainable adaptation strategy to climate change in the Andean Altiplano [J]. Tourism Management Perspectives, 2014, 11.

[144] County [J]. California-Agriculture, 1999, 53 (6): 20-24.

[145] Das B R, Rainey D V. Distributional impacts of agritourism in the Arkansas Delta Byways region [R]. Selected Paper Prepared for Presentation at the American Agricultural Economics Association Annual Meetings, Orlando, FL, 2008. 19.

[146] Deborah Che, Ann Veeck, Gregory Veeck. Sustaining production and strengthening the agritourism product: Linkages among Michigan agritourism destinations [J]. Agriculture and Human Values, 2005, 22 (2).

[147] Dernoi Louis A. (1991). About Rural & Farm Tourism [J]. Tourism Recreation Research, 16 (1): 3-6.

［148］Dernoi Louis A. Farm tourism in Europe ［J］. 1983, 4 (3).

［149］Enright. The role of transport infrastructure in international tourism development: A gravity model approach ［J］. Tourism Management, 2008, 29 (5): 831-840.

［150］Erdogan Koc. The New Agritourism: Hosting Community & amp; Tourists on Your Farm ［J］. Annals of Tourism Research, 2008, 35 (4).

［151］Filippo Sgroi, Enrica Donia, Angelo Marcello Mineo. Agritourism and local development: A methodology for assessing the role of public contributions in the creation of competitive advantage ［J］. Land Use Policy, 2018, 77.

［152］Gannon. In te kloeze ［M］. Bristol: Channel View Publications, 1994.

［153］Garcia-Ramon M D, Canoves G, Valdovinos N. Farm tourism, gender and the environment in Spain ［J］. Annals of Tourism Research, 1995, 22 (2): 267-282.

［154］Gawor Jakub, Borecka Anna. Risk of soil-transmitted helminth infections on agritourism farms in central and eastern Poland ［J］. Acta parasitologica, 2015, 60 (4).

［155］George H. Agritourism enterprises on your farm or ranch: where to start ［Z］. ANR Publication 8334, 2008. 1-6.

［156］GREFE C. Roots of Unsustainable Tourism Development at the Local Level: the Case of Urgup in Turkey ［J］. Tourism Management, 1998, 19 (6).

［157］Greffe X. Is Rural Tourism a Lever for Economic and Social Development ［J］. Journal of Sustainable Tourism, 1994, 2: 23-40.

［158］Gregory Veeck, Lucius Hallett, Deborah Che, Ann Veeck. THE ECONOMIC CONTRIBUTIONS OF AGRICULTURAL TOURISM IN MICHIGAN ［J］. Geographical Review, 2016, 106 (3).

［159］Hjalager A. Agricultural diversification into tourism ［J］. Tourism Management, 1996, 17 (2): 103-111.

［160］Is agritourism in your future? ［J］. Southeast Farm Press, 2020.

［161］Keith D, Rilla E, George H, et al. Obstacles in the agritourism regulatory process: perspectives of operators and officials in ten California counties ［Z］. AIC Issues Brief, 2003, (22): 1-6.

[162] Konstantinos Andriotis. Researching the development gap between the hinterland and the coast – evidence from the island of Crete [J]. Tourism Management. 2006, 27: 629 – 639.

[163] KOSCAK M. Integral development of rural areas, tourism and village renovation, Trebnje, Slovenia [J]. Tourism Management, 1998 (1): 81 – 85.

[164] Kristen Lewis Hawkins. Special Ranger Tips: The Texas Agritourism Act and Limited Liability Laws [J]. The Cattleman, 2017, 104 (1).

[165] Leilana McKindra. Oklahoma Agritourism Field Day set for July 17 [J]. Southwest Farm Press, 2018.

[166] Maria Francesca Cracolici, Peter Nijkamp. The Attractiveness and Competitiveness of Tourist Destinations: A study of Southern Italian Regions [J]. Tourism Management, 2009, 30 (3): 336 – 344.

[167] Marques H. Searching for complementarities between agriculture and tourism—the demarcated wine – producing regions of northern Portugal [J]. Tourism Economics, 2006, 12 (1): 147 – 160.

[168] Metin Kozak, Mike Rimmington. Measuring tourist destination competitiveness: conceptual considerations and empirical findings [J]. Tourism Management. 1999, 18: 273 – 283.

[169] Muzaeffer U, Joseph S C, Daniel R W. Inereasing state market sharet hrough a regional Positioning [J]. Tourism Management, 2000, 6 (21): 89 – 96.

[170] Niorn Srisomyong, Dorothea Meyer. Political economy of agritourism initiatives in Thailand [J]. Journal of Rural Studies, 2015, 41.

[171] Norbert Vanhover. Competition and the Tourism Destination [J]. The Economics of Tourism Destinations, 2011 (5): 147 – 191.

[172] OHE Y. Evaluating integrated on – farm tourism activity after rural road inauguration – the case of pick – your – own fruit farming in Gunma, Japan [J]. Tourism Economics, 2010, 16 (16): 731 – 753.

[173] Oppermann M. Rural Tourism in Southern Germany [J]. Annals of Tourism Research, 1996, 23 (1): 86 – 102.

[174] Paniagua A. Urban – rural Migration, Tourism Entrepreneurs and Rural Restructuring in Spain [J]. Tourism Geographies, 2002, 4 (4): 349 – 371.

[175] Patty Simpson, Georey Wall. Consequences of resort development: A comparative study [J]. Tourism Management, 1999, 5 (20): 283-296.

[176] Pearce Philip L. Farm tourism in New Zealand: A social situation analysis [J]., 1990, 17 (3).

[177] Perunjodi Naidoo, Richard Sharpley. Local perceptions of the relative contributions of enclave tourism and agritourism to community well–being: The case of Mauritius [J]. Journal of Destination Marketing & amp; Management, 2016, 5 (1).

[178] Rainey D V, Djunaidi H, McCullough S W, et al. Factor that affect Arkansas farm operators' and landowners' decision to participate in agritourism [R]. Selected Paper Prepared for Presentation at the Southern Agricultural Economics Association Annual.

[179] Ramu Govindasamy, Kathleen Kelley. Agritourism consumers' participation in wine tasting events [J]. International Journal of Wine Business Research, 2014, 26 (2).

[180] Rita Mu. Agritourism grows in farming industry [J]. Food Magazine, 2010.

[181] Ritchie, J. R. B., Crouch, G. I. Competitiveness in International Tourism: a Framework for Understanding and Analysis [Z]. Proceedings of the 43rd Congress of the association internationald' experts scientifique due tourism on Competitiveness of Long Haul tourist destinations. St. Carlos de Bariloche, Argentina. Oct. 17–23, 1993: 23-71.

[182] Sadowski Arkadiusz, Wojcieszak Monika Małgorzata. Geographic differentiation of agritourism activities in Poland vs. cultural and natural attractiveness of destinations at district level. [J]. PloS one, 2019, 14 (9).

[183] Seetaram N. Immigration and international inbound tourism: Empirical evidence from Australia [J]. Tourism Management, 2012, 33 (6): 1535-1543.

[184] Sharon Flanigan, Kirsty Blackstock, Colin Hunter. Agritourism from the perspective of providers and visitors: a typology–based study [J]. Tourism Management, 2014, 40.

[185] Sharon Flanigan, Kirsty Blackstock, Colin Hunter. Generating public and private benefits through understanding what drives different types of agritourism [J]. Journal of Rural Studies, 2015, 41.

[186] Sharon Phillip, Colin Hunter, Kirsty Blackstock. A typology for defining agritourism [J]. Tourism Management, 2009, 31 (6).

[187] Sharpley R, Sharpley J. Rural Tourism: an Introduction [M]. London: International Thomson Business Press, 1997: 61.

[188] Sharpley R, Vass A. Tourism, farming and diversification: an attitudinal study [J]. Tourism Management, 2006, 27 (5): 1040-1052.

[189] Sharply R. Rural Tourism and the Challenge of Tourism Diversifieation: the Case of Cyprus [J]. Tourism Management, 2002, 23 (3): 233-244.

[190] Sheng-rong Qiu, Shui-sheng Fan. Recreational value estimation of suburban leisure agriculture: a case study of the Qianjiangyue agritourism farm [J]. Journal of Mountain Science, 2016, 13 (1).

[191] Survey R. College of Agricultural and Environmental Sciences, Center Report, 2006. 1.

[192] Tennessee's agritourism industry getting bigger [J]. Southeast Farm Press, 2013.

[193] Terence J. Centner. New state liability exceptions for agritourism activities and the use of liability releases [J]. Agriculture and Human Values, 2010, 27 (2).

[194] Theodoropoulou H, Mitoula R, Astara O, et al. Applied issues of agritourism cooperation and sustainable endogenous development [J]. American Journal of Applied Sciences, 2008, 5 (11): 1588-1594.

[195] Thomas Streifeneder. Agriculture first: Assessing European policies and scientific typologies to define authentic agritourism and differentiate it from countryside tourism [J]. Tourism Management Perspectives, 2016, 20.

[196] Tiffany Dowell Lashmet. Texas AgriTourism Act: Frequently Asked Questions [J]. The Cattleman, 2019, 106 (3).

[197] Tim Hearden. PCA combines consulting, farming, agritourism [J]. Western Farm Press, 2018.

[198] V Castellani, S Sala. Sustainable Performance Index for Tourism Policy Development [J]. Tourism Management, 2010, 31 (6): 871-880.

[199] Williamson O. E. The modern corporation: origins, evolution, attributes [J]. Journal of Economic Literature, 1981 (4): 1537-1568.

[200] Workshop offers agritourism best practices [J]. Southeast Farm Press, 2018.

[201] Zhang Bei. Comprehensive Evaluation on Sustainable Development of Urban Agritourism [P]. E–Product E–Service and E–Entertainment (ICEEE), 2010 International Conference on, 2010.